कालचक्र

वाणी प्रकाशन

21-ए, दरियागंज, नई दिल्ली-110002

फोन : 23273167, 23275710, 51562622 फैक्स : 23275710

e-mail : vani_prakashan@yahoo.com
vani_prakashan@mantraonline.com

कालचक्र

लेखक
जयवंत दलवी
अनु. डॉ. दामोदर खड़से

वाणी प्रकाशन का लोगो
विख्यात चित्रकार मकबूल फिदा हुसेन
की कूची से

इस नाटक के मंचन के पूर्व संपर्क करें–
सौ. उमा दलवी, 13, विकास,
भवानी शंकर रोड, बम्बई - 400028

ISBN : 81-7055-253-2

वाणी प्रकाशन
21-ए, दरियागंज, नयी दिल्ली-110002
द्वारा प्रकाशित

प्रथम संस्करण : 1993
द्वितीय संस्करण : 2005

मूल्य : 65.00

एस. एन. प्रिंर्टस, शाहदरा
द्वारा मुद्रित

KALCHAKRA (A Play)
by Jayvant Dalvi
Translated by Dr. Damodar Kharse

प्रिय मित्रों एवं स्नेहियों को

(इस नाटक का प्रथम मंचन श्री सातेरी प्रोडक्शन, बम्बई नामक संस्था की ओर से विजयादशमी को 2 अक्टूबर 1987 को रात 9.00 बजे शिवाजी मंदिर, दादर, बम्बई में प्रस्तुत किया गया।)

० ० ०

प्रकाश योजना, निर्देशक, नेपथ्य	:	दामू केंकरे
निर्माता	:	शशि आरोंदेकर
ध्वनि संयोजन	:	राजा देसाई

० ० ०

पात्र-परिचय

पिता	:	यशवन्त दत्त
माँ	:	सुधा करमरकर
विश्वनाथ	:	श्याम पोंक्षे
लीला	:	कीर्ति शरद
शरद	:	निरंजन परलकर
बाबूराव	:	दामू केंकरे
राघव	:	उपेन्द्र दाते
इरावती	:	राधिका राव

पहला अंक

[मध्यमवर्गीय बस्ती का एक फ्लैट। तीन कमरों का। मध्यम आय वाला यहां ईमानदार परिवार रहता है। मां-बाप, बेटा-बहू। जब परदा ऊपर सरकता है तब बायीं ओर से हाल का तिरछा हिस्सा दिखता है और सामने बाल्कनी को मिलाकर बनाया एक बड़ा कमरा दिखाई देता है। हॉल के उस ओर एक छोटी-सी बाल्कनी है। वह दिखाई नहीं देती, परन्तु वहां बॉबी नामक कुत्ता बंधा है। वह दिखाई नहीं देता पर उसके भौंकने की आवाज आती है। गुर्राता भी है। प्रेमपूर्ण आवाज भी निकालता है। हॉल में, बिना सलाखों की एक खिड़की है। उस खिड़की के पास खड़े रहने वाले को कुत्ता दिखाई देता है। उस कुत्ते को पुचकारने के लिए यदि कोई जाता है, तो वह दिखाई देता है।

हॉल अत्यधिक सजा हुआ नहीं है, फिर भी प्रभावी है। तिरछा होने के कारण हॉल की सारी वस्तुएं दिखाई नहीं देतीं। कोने में फोन रखा है। दर्शकों को स्क्रीन दिखाई न दे इस तरह से टी० वी० रखा हुआ है। सोफा, कुर्सियां और दो छोटे आसन आदि हैं।

बाल्कनी का जो कमरा बनाया गया है, वह बहुत गन्दा है। इस कम चौड़े कमरे में बूढ़े माता-पिता का निवास है। वहां ऊपर लगी रस्सी पर कपड़े लटक रहे हैं। खूंटी पर दो पुराने कोट हैं। उस कोट की जेब में बूढ़े इनामदार कुछ रखा करते हैं। रखी चीजों में से बार-बार कुछ ढूंढ़ते रहते हैं। कभी-कभी सचमुच कुछ खोजने के लिए, कभी-कभी यूं ही समय बिताने के लिए, कभी-कभी कोट की जेब से अचानक चूहे का बच्चा छलांग लगाता है और हो-हल्ला मच जाता है। जेब में

लॉटरी की टिकटें भी जमाकर रखते जाते हैं।

इस कमरे में बेंच की तरह दो दीवान हैं। उन पर पुरानी गद्दियां और मैली-कुचैली चादरें हैं। दीवान के नीचे माता-पिता के, टीन के दो सन्दूक हैं। मां के दीवान के नीचे जो सन्दूक है, उसमें उसकी साड़ियां हैं। पिताजी के दीवान के नीचे उनकी टीन की पुरानी संदूक है, उस पर उनके पिता का 'विश्वनाथ विट्ठल इनामदार, पाडलोस' नाम लिखा है। इस संदूक में उनकी कुछ पुरानी चीजें, कागजात, डायरियां हैं। सामने की दीवाल पर एक पुरानी घड़ी है। यह घड़ी जंजीर खींचने वाली और दोनों ओर झुकने वाली घड़ी होगी या पुरानी कारीगरी की हुई कांच वाली केस में मढ़ी हुई। यह घड़ी हमेशा बन्द रहती है। परन्तु, वह उनके दादा-पुरखों के घर की घड़ी है।

उनका छोटा बेटा विश्वनाथ, छोटी बहू लीला, बेटा और बहू। खासतौर पर बहू जब घर पर नहीं होती तब माता-पिता हॉल में आकर बैठते हैं। कई बार टी० वी० का कार्यक्रम देखने के लिए। पिता की उम्र पचहत्तर—मां सत्तर की। पिता को मधुमेह होने के बावजूद उनकी तबियत उम्र के हिसाब से अच्छी है। चलने की गति धीमी होगी, पर सीधे चलते हैं। आवाज में अब भी खनक है। एक ही बात बार-बार कहने की बुढ़ापे की बुरी आदत है। अब स्मृति कुछ मन्द पड़ने लगी है। पहले उनकी घड़ी की एक छोटी-सी दुकान थी। अब उसे थोड़ा बढ़ाकर विश्वनाथ चलाता है।

मां की तबियत काफी खराब हो चली है। ब्लडप्रेशर, गठिया और घरेलू तनाव के कारण वह टूट चुकी है। खासतौर से भीतर से! हमेशा बहू और भविष्य के डर के कारण घबरायी हुई लगती है। भविष्य के गर्भ में क्या छिपा है, इसका डर!

परदा ऊपर उठता है। शाम का समय है। कमरे में संधि प्रकाश हॉल में एक मन्द बल्ब, टी० वी० के सामने एक छोटे से आसन पर मां बैठी है। एक पैर उसने ऊपर रखा है। टी० वी० बन्द ही है। फिर भी वह टी० वी० की ओर सीधी आंखों से देख रही है। शायद

उसका ध्यान कहीं और है या अपने ही ख्यालों में खोई हुई है।

इतने में दरवाजे की बेल बज उठती है। मां को उठने में तकलीफ होती है, पैर अकड़ गये हैं, दरवाजा खोलती है। पिताजी भीतर आते हैं। पुरानी ढीली-ढाली पैंट। मोहरी तह की हुई—पुराने ढंग की पुरानी ढीली-ढाली कमीज। पहले वे काफी मोटे थे। उसी नाप की यह कमीज है। कांधे अब उतर गये हैं। कमीज, पैंट के भीतर है और ऊपर से बेल्ट बांधा गया है। इस ढीलेपन के कारण कमर का कसाव बोरे की तरह दिखाई देता है। बाहों की बटन न होने के कारण झूल रही हैं। पैंट की दोनों जेबें फूली हुई हैं, क्योंकि उन्होंने जेबों में बटाटा-बड़ा ठूंसा हुआ है। दाहिना हाथ आड़ा है, उस पर छड़ी लटक रही है। चेहरे पर दो-एक दिन की सफेद दाढ़ी—सफेद बालू ज्यों चिपक गई हो! वे भीतर आकर छड़ी रखते हैं, तब तक मां टी० वी० के सामने आकर बैठ जाती है और टी० वी० की ओर देखने लगती है। इतने में फोन घनघना उठता है। परन्तु पिताजी का ध्यान नहीं है। बटाटा-बड़ा की दोनों पुड़िया खिड़की पर रखते हैं। हाथ की दवाई की पुड़िया देखते हैं कहां रखी जाए, इस विचार में···]

मां : फोन बज रहा है—।

पिताजी : [अचानक ध्यान में आने के बाद] हां···हां···[गड़बड़ी में हाथ की दवाई की पुड़िया टी० वी० पर रखते हैं और फोन उठाते हैं। फोन कान से लगाकर 'हेलो' कहते हैं—तभी कान पर तमाचा पड़ने-सी आवाज आती है। उस छोर का आदमी गुस्से से चिल्लाता है। वे फोन कुछ सरकाकर···] हेलो··· हेलो···आप फोन नीचे रखकर क्यों नहीं चिल्लाते? वह मैं ठीक से सुन सकूंगा···क्या? एस···एस···मैं वि० वि० इनामदार···क्या? छह घड़ियां खरीदीं, उनकी चाबियां नहीं दीं। [चौंक कर] वॉचेस-वॉचेस की चाबियां या क्लोक की चाबियां? रुकिए···

रुकिए···वॉच यानी रिस्टवॉच···क्लॉक यानी वॉल क्लॉक···दीवाल घड़ी···हां···क्लॉक की चाबियां··· नहीं···नहीं···वह मेरा बेटा है। वह भी वी॰ वी॰··· मैं विट्ठल विश्वनाथ···वह विश्वनाथ विट्ठल—मैं उसको बताता हूं। ये नई पीढ़ी यानि···आपका नाम ? देश पांडे ? अर्थात् हमारी तरफ के हो आपके बात करने के ढंग से मुझे लगा ही था···मैं[हंसते हैं] मैं वहीं का हूं···पाडलोस का···हमारा मूल नाम पाडसोलकर ···परन्तु 1914 में ब्रिटिश सरकार ने हमारे पिताजी ···अर्थात् विश्वनाथ दाजी को इनाम दिया था, इसलिए हम इनामदार हुए·· आप कभी पाडलोस जाएं तो···हेलो···हेलो···फोन रख दिया ? [चिढ़ते हैं फोन रख देते हैं] इन मराठी लोगों को मैनर्स नहीं हैं ! और उन्हें किसी का अच्छा सुनना नहीं सुहाता ! हमें इनाम मिला, यह कहते ही फोन रख दिया !

मां : विना मतलब ज्यादा बोलना ठीक नहीं।

पिताजी : बिल्कुल ठीक कहा !

मां : अब आप यूं ही खड़े क्यों हैं ?

पिताजी : [चौंक कर] मैं भी यही सोच रहा हूं···मैं इस तरह खड़ा क्यों हूं ?

मां : फिर बैठिए···[बंद टी॰ वी॰ की ओर देखते हुए ही कहती है]

पिताजी : तुम बैठे-बैठे क्या कर रही हो ?

मां : मैं टी॰ वी॰ देख रही हूं। [बंद टी॰ वी॰ की ओर देख रही है]

पिताजी : [ध्यान जाते ही] धत् तेरे की ! बंद टी॰ वी॰ ही देख रही है।

मां : मैं उसके टी० वी० को हाथ नहीं लगाती—

पिताजी : लगा···लगा। आज 'सुंदर मेरा घर' कार्यक्रम होगा! [कड़ुवी हंसी हंसते हुए] आजकल सुंदर मेरा घर सिर्फ टी० वी० पर ही रह गया है !···मैं चलाऊं टी० वी० ?

मां : कुछ मत चलाइए। बाद में वह कुछ उल्टा-सीधा चिल्लायेगी !···कुछ दिन पहले आवाज गयी···

पिताजी : [ध्यान कहीं और था] किसकी आवाज ?

मां : [चिढ़कर] किसकी क्या? टी० वी० की ! तब वह बोली, हर आदमी बटन इधर-उधर घुमाता रहता है। आवाज तो बंद होगी ही।···इधर-उधर के लोग अर्थात् आप और मैं [वे विचारों में खोये उसकी ओर ताकते रहते हैं]

पिताजी : [याद करने की कोशिश करते हुए] मैं कुछ भूल गया हूं···।

मां : क्या ?

पिताजी : [अचानक याद करके] हां ! मैं मंजुनाथ से बड़े लेकर आया था, वहीं भूल गया···बिल्कुल गरमागरम··· [वे सहज रूप से पैंट की जेबें दबाकर देखते हैं। पुड़ियां मिलती हैं।]

मां : [तंग आकर] क्यों तेल के बटाटावड़े खाते हैं? पहले ही डायब्रिटीज है। रात को पेट दुखेगा और चिल्लायेंगे···।

पिताजी : [एक पुड़िया खोलकर] कल मरने के बाद, यह इच्छा मन में न रहे कि बड़ा खाना रह गया !

मां : पिछले कई सालों से, 'कल मरने पर,' 'कल मरने पर' यह बात कह रहे हैं···

पिताजी : [कुछ हंसते हुए]···और खा रहे हैं! [एक बड़ा आगे

बढ़ाते हुए] खाओ···।

मां : मुझे नहीं चाहिए ! पहले ही मेरी शुगर बढ़ गई है···

[बड़ा देखते ही, मुंह का पानी निगलती है।]

पिताजी : [धीरे से] लीला आई ?

मां : नहीं !

पिताजी : [बड़ा खाते हुए] वाह ! चटपटा मसालेदार···अदरक··· लहसुन···मिर्च···।

मां : [लार निगलते हुए] मंजु के यहां बड़े खाने वालों की कितनी भीड़ होती है, है न ?

पिताजी : खाओगी ?

मां : [लार निगलते हुए] इतना-सा टुकड़ा दीजिए···[वे अपना खाया आधा टुकड़ा देने लगते हैं] इतना-सा टुकड़ा कहा तो इतना-सा ही टुकड़ा नहीं देना चाहिए···

पिताजी : [पूरा बड़ा देते हुए] तुम खाओ···

[इतने में बाल्कनी का कुत्ता भौंकने लगता है। सांकल को झटका देने की आवाज आती है।]

मां : उस तक गंध पहुंच गई ! उसके लिए आधा डाल दीजिए···

पिताजी : कतई नहीं डालूंगा···

मां : वह लीला का है, इसलिए उस पर गुस्सा मत कीजिए। गूंगा जानवर है वह···उसके कारण घर में थोड़ी हलचल है।

पिताजी : [चिढ़कर] हलचल ! उसका बोरा मुझे साफ करने के लिए कहती है···

मां : घर का काम करने में क्या नुकसान है···[अपना आधा बड़ा देती हुई] यह टुकड़ा उसे डाल दीजिए—।

पिताजी : तुम खाओ ! [अपना आधा बड़ा खिड़की से बाल्कनी में

डालते हैं।]

मां : चटनी है ?

पिताजी : मंजु चटनी कहां देता है ? तली हुई मिर्ची देता है··· खाओगी ?

मां : मिर्ची ? [हाथ से मना करती हुई]

पिताजी : [खिड़की की ओर मुड़ते हुए] इनमें मिर्च डालता है ! खा !···[डालते हैं] कल जलन होने दो···

मां : पिछले हफ्ते मैंने आपकी पैंट धोयी तो दोनों जेबों में इतनी मिर्ची थी—।

पिताजी : बड़े तो नहीं थे ? [दूसरी पुड़िया खोलते हैं] और चाहिए ?

मां : मुझे नहीं !···लीला के आने से पहले खा लीजिए। नहीं तो वह डाइटिंग···डाइटिंग···डाइटिंग की रट लगाएगी।

पिताजी : उसकी वह खिट-खिट···हमारे लिए ही ! खुद सब कुछ खाती रहती है !

मां : आप दोनों मत खाइए । एक विश्वनाथ के लिए रखिए।

पिताजी : क्यों, क्या विश्वनाथ जो कुछ भी बाहर खाता है, हमारे लिए लाता है ?

मां : मेरा विश्वनाथ लायेगा । परन्तु इसने उसे अपने पंजे में जकड़ लिया है, इसलिए डरता है । [कुछ झुंझलाकर] अपने हिस्से का आधा दीजिए···[वे देने लगते हैं] नहीं ···नहीं···ठीक नहीं यह···लेकिन विश्वनाथ के लिए रखिए···

पिताजी : लीला के आने से पहले आया तो !

मां : बाद में आया तो अपने कमरे में बुला लीजिए···

[उन्हें बड़ा खाते देखती है ··] वह इच्छा-मृत्यु का कानून आ गया ?

पिताजी : [खाने में तल्लीन होकर] नहीं, अभी नहीं। लेकिन क्यों ?

मां : कम-से-कम मर तो सकते थे !

पिताजी : [खाते-खाते] मरने के सौ रास्ते हैं···हमारे दाजी नहीं कुएं में कूद गये ? [वह घूमकर खुली खिड़की की ओर देखती है] लेकिन तुम, खिड़की से मत कूदना। पहली मंजिल ही है—सिर्फ हाथ-पैर टूटेंगे !

मां : [स्वयं से] कूदने की शक्ति भी किसके पास है ?··· आप मेरी दवाई लाए ?

पिताजी : [चौंककर अपनी जेब टटोलने लगते हैं।] अरे बाप रे···

मां : क्या हुआ ?

पिताजी : तुम्हारी दवाई की पुड़िया शायद मंजु की गाड़ी में ही भूल आया ? [जेब टटोलते हैं]

मां : [तंग आकर] आपकी भूलने की आदत इतने में बहुत बढ़ती जा रही है···

पिताजी : जाकर देख आऊं ?

मां : अब कहां जा रहे हैं। अंधेरा हो रहा है। तकदीर में होगी तो कल मिल जायेगी। विशाल को भी मैंने कहा है।···वह लायेगा···

पिताजी : फिर भी मैंने पुरानी गोलियों की तीन पुडिया खरीदीं ···दो-दो रुपये वाली।

मां : अब वे गोलियां फायदा नहीं करतीं । बी० पी० अचानक बढ़ जाता है।

पिताजी : डॉक्टरों ने नई लिखकर दीं वे···एक पुड़िया अठारह रुपये की ! दस गोलियों के लिए अठारह रुपये। अर्थात् एक रुपये अस्सी पैसे की एक गोली। दिन में तीन

गोलियां···अर्थात् दिन में पांच रुपये चालीस पैसे··· अर्थात् महीने में···

मां : बीच-बीच में मैं गोलियां लेना भूल जाती हूं।

पिताजी : तो क्या हुआ ? [क्षण भर बाद] डॉक्टरों का क्या··· उनको दवाइयों के नाम मालूम होते हैं···कीमत नहीं। मेरे पास उतने पैसे भी नहीं थे।

मां : रहने दीजिए। विशा लायेगा···

[बड़े की बनी एक पुड़िया वे इस हाथ से उस हाथ में घुमाते हुए जेब में पागलों-से कुछ खोजते हैं। इतने में शर्ट की ऊपरी जेब में उन्हें कागज का एक टुकड़ा मिलता है। वह कागज आंख से सटाकर उसे पढ़ने की कोशिश करते हैं।]

मां : ये क्या ? चश्मा तो लगाइये।

पिताजी : [चश्मा लगाकर पढ़ते हैं] करोलबाग···न्यू दिल्ली।

मां : वहां कौन है ?

पिताजी : शरदिनी फातर्फेकर···[वह देखती रहती है] तुमसे मैंने कभी बताया था ?

मां : क्या ?

पिताजी : स्कूल में, मेरी कक्षा में एक शरदिनी फातर्फेकर थी··· पढ़ाई में आगे···फ्रेंच लिया था। बाद में, वह फॉरेन सर्विस के लिए चुनी गई। पंद्रह-बीस वर्ष पहले··· [याद करते हैं] नहीं ! तीस वर्ष पहले···[याद करते हैं] नहीं···नहीं पैंतीस···चालीस···

मां : [तंग आकर] पचास साल समझिए ! पर हुआ क्या ?

पिताजी : उसने अपनी कविता की पुस्तक मुझे भेजी थी··· 'शरदिनी' शीर्षक था।

मां : अभी मिली थी ?

पिताजी : उसका भाई मिला था···मंजु की गाड़ी के सामने

सड़क पर खड़ा बड़े खा रहा था। मेरी ओर देखकर बोला, प्रि-इंडिपेंडेंस के समय आप सेक्रेटरियट में आया करते थे न ? सेक्रेटरियट की घड़ियां सुधारने। मैंने कहा, हां ! मेरा कॉन्ट्रैक्ट था न…सन् छत्तीस से…उसने मुझे इतने वर्षों बाद पहचान लिया…मैंने पूछा…आप कौन ?…बोला, फातर्फेकर…मैंने पूछा…स्कूल में मेरे साथ कक्षा में शरदिनी फातर्फेकर थी ! वह उसकी छोटी बहन…अब दिल्ली में अकेली ही रहती है…करोलबाग…

मां : [देखते हुए] जायेंगे ?

पिताजी : [चौंकते हुए] कहां ?

मां : दिल्ली ?

[इतने में दरवाजे की बेल बजती है और कुत्ता भौंकने लगता है। पिताजी दरवाजा खोलने मुड़ते हैं।]

मां : लीला होगी !…मुंह पोंछिए…[वे रूमाल से मुंह पोंछते हैं। फिर बेल बजती है। कुत्ता भौंकता है] और दूर खड़े रहें…उसे बड़े की गंध आयेगी…[वे रूमाल से मुंह ढांककर दरवाजा खोलते हैं। विशा आता है। उन्हीं का बड़ा बेटा। पैंतीस साल का। कुछ भोला, कम पढ़ा-लिखा, अस्त-व्यस्त। स्थितियों का मारा हुआ।]

पिताजी : विशा वह…।

[कुत्ता, जंजीर को झटके देता जोर से भौंकता है।]

विशा : बॉबी। बॉबी ! चुप ! [खिड़की की ओर जाता है] बॉबी आया…आया…[बैग रखता है] बड़े खा रहे हैं ? [पिताजी चौंकते हैं] महक आ रही है…

पिताजी : [जेब की पुड़िया निकालकर] खायेगा ? [वह ना कहे ऐसी इच्छा लगती है।]

विशा : एक ही दीजिए···

पिताजी : एक ही है ! [देते हैं]

विशा : [थोड़ा हंसते हुए] लीला बाहर गई है शायद···[मां की ओर] तूने खाया ? [स्वयं खाने लगता है]

मां : [हाथ से बताते हुए] इतना नख भर टुकड़ा खाया है···

विशा : मां ! तुम्हारी शुगर बढ़ गई है।

मां : [तंग आकर] बढ़ने दे ! जी कर भी क्या करना है ?

विशा : [खाते हुए] कुछ भी मत बको !

मां : गोलियां मिलीं ?

विशा : लीला से कहा है—

पिताजी : डॉक्टर ने नई गोलियां लिख दी हैं, वे अठारह रुपये पैकेट हैं।

मां : सस्ती जानकर वे पुरानी गोलियां ही उठा लाये। ···तीन पैकेट···और पुड़िया मंजू की गाड़ी पर भूल आये ! छह रुपये पानी में गये।

पिताजी : कुछ पानी में नहीं ! कल ले आता हूं···मंजू रखेगा !

मां : शरद को फोन किया था ?

[उसके मुंह में बड़ा है, इसलिए वह बोल नहीं पाता।]

पिताजी : [चिढ़कर] क्यों ? इसे शरद यानी परमेश्वर लगता है। वह आया अर्थात् परमेश्वर आया !

मां : कहां आता है ? वह तो आता ही नहीं !

विशा : शरद दिल्ली गया था—

मां : [संतुष्ट होकर] फोन आया था ?

विशा : मैं गया था···उसके ऑफिस में।

मां : क्यों ?

विशा : उसके ऑफिस में घड़ी खरीदनी थी।

मां : [निराश—हसते हुए] मुझे लगा, हमें यहां से कब ले

जायेगा यह पूछने के लिए गया था।

पिताजी : यह···यह···तुम···उससे आते ही यह बात पूछती हो। इसीलिए वह यहां आता नहीं है।

मां : छोटा बेटा है! पूछा तो क्या हुआ? चार महीने के लिए वह ले जायेगा तो उतने ही समय के लिए विशा और लीला मुक्त हो जायेंगे।

पिताजी : वह ले जायेगा! इंतजार कर! अपना घर···बीवी ···और बेटी!

मां : बानू अच्छी है न?···स्कूल जाती है?

विशा : हां।

मां : शरद क्या कह रहा था रे!

विशा : वह पूछ रहा था, तुमने कोई नई कविता लिखी है—

मां : [प्रसन्न होकर] काहे को कविता! बानू के पहले जन्म-दिन पर लिखी, वह आखरी कविता थी।

विशा : [लाड़ में गुस्से से] मेरे रंग्या के जन्म-दिन पर नहीं लिखी न कविता···।

मां : [हंसते हुए] लिखी थी! श्रीरंग तो मेरा नाती है··· इनकी ट्रंक में होगा यह गीत···[हंसते हुए] अरे···मेरा अब क्या गीत?···बस तुक मिलाती रहती हूं···टप् ···टप्···

पिताजी : टप···टप पानी बरसता है···आंखों से!

मां : बरसने दो!···उसने याद से कम-से-कम इतना तो पूछा···

विशा : [हंसते हुए] सच तो यह है मां उसने यह भी नहीं पूछा। मैंने ही अपनी ओर से जोड़ा है···तुम्हें अच्छा लगे इसलिए!

मां : न पूछे ..!

[विशा बीच में ही टी०वी० के पास जाता है और उसे टी०वी० पर पुड़िया दिखाई देती है]

विशा : [पुड़िया दिखाते हुए] ये क्या है ?

पिताजी : [खुशी से] ये देखो ! मुझे पूरी तरह याद था। मैंने गोलियों की पुड़िया लाई है।

मां : आप फोन सुनने गये थे तब—

पिताजी : तुम्हें फोन आया था—गवाणकर का—

मां : गवाणकर या वायंगणकर ?

पिताजी : वायंगणकर

विशा : वे छह घड़ियां लेकर गए हैं—

पिताजी : उसमें चाबियां नहीं रखी थीं—

विशा : ये हमारा धोंडी···बस पडलोस का था, इसलिए काम पर रख लिया।

पिताजी : उसे एक बार यहां भेज दो ! खूब खबर लेता हूं···तुम्हें कितनी बार बताया विशा कि नौकरों पर ज्यादा निर्भर नहीं रहना चाहिए। मैंने रायकर के यहां दस साल नौकरी की···पैकिंग से लेकर रिपेयरिंग तक सब कुछ सीखा···परन्तु हर क्षण रायकर का मुझ पर ध्यान होता ! मैंने भी अपनी दुकान में यही किया।

मां : [हंसते हुए] बस्स···इनका रायकर-पुराण शुरू हो गया ! [रुककर] शरद ने तुमसे घड़ियां खरीदीं ?

विशा : कहा है ! पर पूछ रहा था उसे कितना कमीशन मिलेगा ?

मां : [आश्चर्य से] भाई से कमीशन ?

पिताजी : रायकर कभी कमीशन न देते···मैंने भी नहीं दिया। किसी ने बड़ा आर्डर दिया तो मिठाई की पेटी !

मिठाई यानी मैसूर पाक ··पेटी बड़ी दिखाई देती है···

[इतने में विशा गैलरी में जाकर कुत्ते को थपथपाता है। कुत्ते की प्यार भरी आवाज सुनाई देती है।]

मां : [वह वहां रहते हुए पिताजी को धीरे से···] टी॰ वी॰ खोलता है क्या देखेंगे ! सारे कार्यक्रम खत्म हो चुके होंगे !

[पिताजी का ध्यान नहीं था। वे जेब से कागज के टुकड़े में कुछ खोज रहे थे। इतने में विशा गैलरी से आता है।]

मां : अब आपका क्या खो गया ?

पिताजी : [ढूंढ़ते हुए] एक लाख रुपये कहां गए ?

विशा : [चौंककर] एक लाख ?

पिताजी : लॉटरी का टिकट···[ढूंढ़ते हैं]

मां : क्यों रुपया···एक रुपया बरबाद करते हैं ?

पिताजी : बरबाद कुछ नहीं किया। पिछले हफ्ते दो रुपये लगे थे···

मां : बहुत हो गया !

विशा : [सोफे पर बैठते हुए] इससे तो शुरू से कुछ बचत की होती···

पिताजी : [चिढ़कर]अरे विशा···हमेशा, बचत की होती···बचत की होती कहता है···मैं क्या रेस पर पैसे लगाता था या जुआ खेलता था ?

विशा : पर जब हाथ में पैसे थे, तब इसे-उसे बांटते फिरते थे···

पिताजी : इसे-उसे अर्थात् किसे ?

विशा : वागले को दस हजार नहीं दिए ?

पिताजी : उसकी बेटी की शादी रुक गई थी···विशा—और उन्होंने बाद में लौटा दिये।

विशा : लौटा दिये ! चार हजार लौटाये।...उस पांगम को पांच हजार दिये...टैक्सी के लिए। उसने क्या दिया ? कभी आपको टैक्सी से घुमाया भी नहीं।

मां : अरे पाडलोस के कितने बच्चे यहां पढ़ने के लिए थे !

पिताजी : पढ़े, इसलिए रोटी-पानी से लग गये !

विशा : पढ़े ठीक है ! पर मधु राजाध्यक्ष की नौकरी मिलने तक हमारे घर टुकड़े तोड़ता था। पर उसके ऑफिस में जब घड़ियों की जरूरत पड़ी तो उसने हमारे यहां से नहीं खरीदीं...मैं उसे कमीशन देता...

मां : आदमी बदल जाता है रे विशा ! यह मधु इतना अच्छा लड़का था, जब तक यहां था...बस नौकरी लगी और...

विशा : लगी कहां ? पिताजी ने बाबा करमरकर को कह कर...

पिताजी : ठीक है, हमारे गांव का था इसलिए किया।

मां : [हंसते हुए] कह रहा था कि पहली तनख्वाह में ही मेरे लिए साड़ी खरीदेगा। [हंसती है] इसीलिए नहीं आ पाता होगा।

पिताजी : [तंग आकर] कल मैं उसके घर जाता हूं और तुम्हारी साड़ी मांगकर लाता हूं। [मां मजाक से हंसती है]

विशा : [अभी तक चिढ़ा हुआ है] यहां रहकर सब पढ़-लिखकर बड़े हो गये ...सिर्फ मैं ही मैट्रिक के बाद नहीं पढ़ पाया !

पिताजी : तुमसे किसने कहा था, मत पढ़ो ?

विशा : [गुस्से में] पर क्या मैं पढ़ पाया ? आपकी घड़ी की दुकान में खटता रहा आठ-आठ...दस-दस घंटे।

पिताजी : अरे हां, पर इसी कारण शरद एम० एस-सी० कर

सका न ?

विशा : वह पढ़ा···इसलिए मजे से पांच-सात हजार कमा रहा है···

पिताजी : और तुम्हें दुकान दिया वह ? तुमसे मैंने क्या लिया ?

विशा : [तंग आकर] दुकान में क्या था ?···दुकान दिया ! घर खर्च चलाना मुश्किल···श्रीरंग को पंचगणी में रखा है···बोर्डिंग स्कूल के पैसे भेजते-भेजते पसीना छूटने लगता है।

मां : पंचगणी ही क्यों चाहिए। हम नहीं थे ? फिर दादा-दादी होते ही क्यों हैं ?

विशा : आपके लाड़ प्यार से ही वह बिगड़ गया···

पिताजी : कुछ नहीं बिगड़ा ! हमसे तोड़ने के लिए उसने उसे वहां भेज दिया···[आवाजें उठने लगती हैं]

विशा : आप न, पिताजी उल्टा-सीधा बोलते हैं···इसीलिए वह चिढ़ती है···

पिताजी : यूं ही नहीं बोलता। हम भले ही बूढ़े और निरुपयोगी हों तो क्या हमारी इतनी उपेक्षा ?···फिर ले चलो छत पर और फेंक दो नीचे ! सारी झंझट ही खत्म !

विशा : आप कुछ भी बोल देते हैं···

मां : विशा, तुम उनकी बातों पर ध्यान मत दो ! उनमें जन्म से यह खोट है।

पिताजी : [चिढ़ते हुए] अरे, होगी इसकी (मां की) डाइटिंग···इसलिए क्या उसे भूखों मारेंगे ? एक फुलका···और इत्ती-सी उबली सब्जी ? सब्जी लाना भूलने के बहाने आधी कटोरी दही देते हो···इतने पर दिन निकालना होता है ? उस···उस···बॉबी को देते हो···कम-से-कम उतना तो हमें दिया करो।···तुम्हें एक बात

बताता हूं, विशा ! जब वह मरेगी न···तब डॉक्टर बताएंगे कि वह डायबिटीज और ब्लडप्रेशर से मरी··· कार्डिएक अरेस्ट, डॉक्टरों का पेटेण्ट शब्द है · पर दरअसल वह भूख से···कम खाने से मरी होगी। [चिल्लाने के कारण खांसने लगते हैं]

मां : [बेचैन होकर] मैं क्या मरूंगी···और मर भी गई तो उसे क्या बुरा है ! आप आवाज मत चढ़ाइए। आवाज चढ़ने पर मेरी बेचैनी बढ़ जाती है !

विशा : मां, क्या सचमुच तुम्हें पर्याप्त खाना नहीं मिलता ? अरी, डॉक्टरों ने ही नाप-तौल बताया है···

मां : [उलाहना देते हुए] मुझे बहुत मिलता है रे ! पर भूख किसे है ? लीला हमारी देखभाल बहुत करती है।··· सच तो यह है कि तू हमें कहीं वृद्धाश्रम में पहुंचा दे।

पिताजी : वहां मुफ्त नहीं रखते। तीन-तीन सौ···चार-चार सौ रुपये लेते हैं···महीने भर के लिए ! नहीं तो, कब का पहुंचा दिया होता इसने !

मां : ये भी हमारे लिए कितना करता रहे ? इसलिए कह रही थी···शरद चार महीनों के लिए ले गया होता···

विशा : कभी यह विषय निकालें, तो मीना तीसरा ही विषय बदलती है !

मां : तुम लोगों को भी जिन्दगी है···तुम लोगों की भी इच्छाएं हैं, अपनी खुशियां हैं···तुम लोग कितने सालों तक हमारा बोझा ढोते रहोगे ?

विशा : मैं लीला को समझाता हूं। परन्तु यह याद रहे कि डॉक्टर ने भी कड़ी डाइटिंग बतायी है।

पिताजी : डॉक्टरों का क्या जाता है ? वे खुद खाते हैं और दूसरों से डाइटिंग करवाते हैं !

विशा : आपकी शुगर बढ़ गई है।

पिताजी : मुझे चिन्ता नहीं ! जिनको जीना है, वे करें डाइटिंग ! …मैं डाइटिंग नहीं करूंगा…मैंने उसे सैकड़ों बार बताया है…पर थाली में इत्ता-सा परोसकर कमरे में रख जाती है…फिर वाद में और कुछ नहीं…

विशा : [तंग आकर] पर पिताजी, मुंह से मांगने में क्या जाता है ? हमारी खींचतान पैसों के लिए होती है, यह सही है ! पर दाल-भात-सब्जी की कमी नहीं है।

पिताजी : परन्तु, विशा हम तो समझ सकते है न…कि परोसने की इच्छा है या नहीं !

विशा : [चिढ़ते हुए] आप इसे बहुत खींच रहे है…और आप एक बात ध्यान से सुन लीजिए…आप मेरे मां-बाप हैं …उसके आप लोग क्या लगते हैं ?

पिताजी : सच है ! [मां हताश होकर माथे पर हाथ रखती है] सच है ! ! हम उसके कुछ नहीं लगते !

विशा : यदि आपने उसे प्यार दिया तो वह आपको प्यार देगी…

पिताजी : हम दोनों के गले में पट्टे बांधकर बाल्कनी में बांध दो…तो शायद प्यार जगेगा…

विशा : [बहुत तंग आकर] आपने यह क्या चला रखा है, पिता जी ?

पिताजी : रहने दे !

मां : सुनो विशा, तुम उसे कुछ मत कहो…मन में सिर्फ गांठ पड़ जायेगी ! तुम्हें सच कहती हूं…वह हमारी बहुत देखभाल करती है !

विशा : मैं आपको एक बात बताता हूं…बूढ़े मां-बाप को संभालना कठिन काम है ! फिर भी मैं आप लोगों को

संभाल रहा हूं और संभालता रहूंगा। क्योंकि, आप दोनों ने हमारे लिए क्या किया है, इसका मुझे एहसास है। कभी हम भी बूढ़े होंगे इसका एहसास भी मुझे है।

मां : [उसे समझाते हुए] ऐसा मत बोलो विशा! तुम दिल छोटा मत करो! इनकी यह पुरानी आदत है! उन्हें घर के लोग अच्छे नहीं लगते!

पिताजी : [उसे मन से दुलारकर] तेरे बारे में विशा, हमारी कोई शिकायत नहीं है। कहीं मन में सब जमा हो जाता है और वह इस तरह बाहर निकलता है! तुम्हें ठेस पहुंचाना, मेरा उद्देश्य नहीं था।···तेरे बिना कोई हमारी देखभाल नहीं कर सकता। तुम्हारे बिना हमारा और कोई सहारा नहीं है। [उनकी आवाज अचानक भारी पड़ जाती है। तीनों के मन भारी हो जाते हैं। मां तो बैठे-बैठे ही आंख-नाक पोंछने लगती है। कुछ पल भाव-विवशता में निकल जाते हैं। इससे बाहर निकलने के लिए विशा टी० वी० चलाता है। मां और विशा के चेहरे पर टी० वी० की रोशनी चमक उठती है। टी० वी० पर मुख्य कार्यक्रम शुरू होने से पहले खाने-पीने के विज्ञापन शुरू होते हैं। पिताजी खिड़की से बाहर झांकते रहते हैं।]

विशा : पिताजी, आप देखिए न···

पिताजी : वो खाने-पीने के विज्ञापन खत्म होने दो!···हमारा डाइटिंग चल रहा है!···फालतू भूख नहीं लगनी चाहिए! [मां मुंह पर आंचल रखकर हंसती है]

विशा : [हंसते हुए] आइए···आइए···बैठिए···बैठिए···

[इतने में दरवाजे की बेल बजती है। विशा दरवाजा खोलता है। लीला आती है। थैला भर सब्जी, मछलियां

और न जाने क्या-क्या लायी है। उसके आते ही बॉबी भौंकने लगता है। सांकल के झटके सुनाई पड़ते हैं।]

लीला : [प्यार से हंसते हुए] बॉबी···बॉबी ! [बॉबी भौंकता है] आई रे···रुक जरा···

मां : मैं लूं क्या ? [थैला]

लीला : नहीं—

[विशा उसके हाथों से थैला लेकर भीतर जाता है। उसने पंजाबी ड्रेस पहन रखी है। उसे देखकर मां और पिताजी एक-दूसरे को इशारे करते हैं। वह बालकनी में कुत्ते के पास जाती है। कुत्ते की आवाज।]

मां : [धीरे से] ड्रेस देखिए ! ओढ़नी नहीं !

विशा : [बाहर आते हुए] क्या ?

मां : इनका कार्यक्रम कम और विज्ञापन ही ज्यादा हैं ! तुमने इतने में चॉकलेट खाया कभी ?

विशा : तुम्हें चाहिए ?

मां : मुझे नहीं चाहिए रे !

लीला : [भीतर आते हुए] आज आप जल्दी कैसे घर आ गये ?

विशा : इसी तरफ आया था···वापस दुकान में गया ही नहीं !

मां : मेरी गोलियां मिलीं ?

लीला : क्या ?

विशा : मां की गोलियां लायीं क्या ?

लीला : पुरानी ही लाई हूं ! वे नई गोलियां मिलती ही नहीं। पांच-छह दुकानें घूम आई।

[मां और पिताजी एक-दूसरे की ओर अर्थपूर्ण दृष्टि से देखते हैं। लीला ताड़ जाती है।]

विशा : आजकल कोई दवाई कभी मिलती है, कभी नहीं–

[इस संवाद के समय टी॰ वी॰ पर विज्ञापन चलता रहता है। ठीक दो विज्ञापनों के बीच में संवाद निकलते हैं। लीला रसोई में जाती है। तीनों टी॰ वी॰ के सामने विज्ञापन देखते हैं। लीला वापस आती है। टी॰ वी॰ बंद करती है। मां और पिताजी भीतर जाएं इसलिए उनकी ओर देखती है। मां-पैर सीधा कर उठती है। परन्तु पिताजी दोनों हाथों को मोड़कर अपनी छाती से लगाकर देखते रहते हैं। जिद लेकर बैठे रहते हैं।]

विशा : उन्हें टी॰ वी॰ देखना होगा।

लीला : मां की आंखें खराब होती हैं ··[मां उठ खड़ी होती है।] बैठे-बैठे उनके पैर दुखने लगते हैं। [मां उठकर भीतर जाने लगती है। पिताजी जिद्दी-से बैठे रहते हैं।] बाबा साहेब—

[उठिए! उठने का इशारा करती है। वे उठते हैं। गुस्से में पैर पटकते भीतर कमरे में जाते हैं। मां धीरे-धीरे, किसी-न-किसी चीज के सहारे कमरे में जाती है।]

मां : [जाते-जाते लीला से] भीतर कुछ करना है?

लीला : कुछ नहीं! आप आराम कीजिए।

[मां अपने की ओर जाने लगती है। लीला टी॰ वी॰खोलती है। टी॰ वी॰ पर गायन। आवाज धीमी। तब तक पिताजी अपनी गुस्सैल आवाज में बोलने लगते हैं। भीतर का गुस्सा बाहर निकालने का उनका यह एक तरीका है। आईने के सामने खड़े होकर गुस्से में बोलते हैं!]

पिताजी : [आईने के प्रतिबिंब से] वाह रे वाह! बाबा साहब! ···साहब! आपके नाना की टांग!

मां : [पैर घसीटते भीतर आती है] किस से बातें कर रहें हैं?

पिताजी : बाबा साहब ईनामदार के साथ? पडलोस के

ईनामदार ! बाबा साहब ! [वह हंसती है। परन्तु उनका ध्यान नहीं ।]

मां : उसकी कोई गलती नहीं है ! टी० वी० देख-देखकर आंखें खराब होती होंगी·· पैर, घुटने बैठे-बैठे दुखने लगते होंगे !

पिताजी : [चिढ़ते हुए] उसके नाना की टांग ! नाऽऽ नाऽ की टां ऽ ऽग ! [वह आंचल मुंह पर लेकर हंसती है। वे उत्तेजित होते हैं] चोऽऽप्प ! हंसो मत !

[खुद ही चौंकते हैं और ड्राईंगरूम की ओर देखते हैं। विशा और लीला टी० वी० देख रहे हैं ।] सुना न ? तुमने सुना न ? दस दवाई की दुकानें घूमी, पर वह नई दवाई नहीं मिली ! मैंने दो जगह पूछा···दोनों जगह दवाई थी !···सिर्फ पैसे मेरे पास नहीं थे ! झूठ बोलने की भी हद होती है ।

मां : रहने दीजिए ! वह नई दवाई किस लिए चाहिए ? आप चिढ़िए मत—

पिताजी : चिढ़ने पर मुझे भूख लगती है !

मां : [दीवान पर बैठते हुए] फिर क्यों चिढ़ते हैं ?

पिताजी : तूने अपना बड़ा खाया ?

मां : कब का ।

पिताजी : मेरी जेब में रखा बड़ा कहां गया ?

मां : [हंसते हुए] आपने विशा को दिया न ?

पिताजी : हां···हां···आजकल कुछ याद ही नहीं रहता···! [पल भर रुककर] खाने के लिए कुछ है ? अचानक भूख लग गई···चिढ़ा न ? इसीलिए !

मां : ग्लूकोज के बिस्कुट दूं ?

पिताजी : दो !

[वह तकिए के नीचे रखी छोटी पुड़िया निकालती है। उसमें से दो बिस्कुट निकालकर खाने लगते हैं।]

पिताजी : [पुड़िया लौटाते हुए] तू खा—

मां : छी: मैं पास रखती हूं इसलिए कि अचानक चक्कर आ जाए तो मुंह में डालने के लिए कुछ होना चाहिए! ...किसी को भाग-दौड़ न करनी पड़े। कल जब बाहर जाएं तो याद से एक पुड़िया और लेते आएं— [बिस्कुट की पुड़िया तकिए के नीचे छिपाती है। कुछ देर बाद...] शरद ने रहने के लिए नहीं बुलाया, कोई बात नहीं!...पर इसका भी मुंह नहीं खुला...कि शरद के घर क्यों जाते हैं। मेरे ही घर रहिए—

पिताजी : कौन ?

मां : यही बड़का...आपका घंटाकांटा !

पिताजी : [मुस्काते हुए] यह घंटाकांटा...और छोटा मिनटकांटा ...प्यार में आकर, बचपन पर रखे...उनके नाम अब याद भी नहीं आते ! [सिर हिलाते...स्वयं को कुछ बताते हुए] सारे कांटे अंतत: एक ही दिशा में जाते हैं ! उनमें से यह घंटाकांटा कुछ ठीक है !

मां : ठीक काहे का ? पक्का है !...कभी खुद होकर दस रुपये भी नहीं देता...।

पिताजी : छोटा भी क्या देता है ?

मां : कम-से-कम, घर आने पर दस का नोट तो टिका देता है !

पिताजी : इसीलिए तीन-चार महीने में आता है !...मुझे यदि लॉटरी में एक बारए क लाख रुपये लग गये ना, तो इन सबको एक बार नचाऊंगा—भालू की तरह ! मरने से पहले...इच्छा है ! [रुककर] ये...ये...घड़ी !

[दीवार पर टंगी पुरानी घड़ी देखते रहते हैं।] मरम्मत करवाने को कहा फिर भी नहीं करवाते।

मां : अब उस टूटी घड़ी का करना क्या है?

पिताजी : [एकदम उत्तेजित होकर] तुम्हें दिमाग कम है!

मां : आपसे शादी की, तभी यह सिद्ध हो गया था! [खु···खु···हंसती है।]

पिताजी : [उत्तेजित होकर] हंसो मत! यह कोई मामूली घड़ी नहीं है! पाडलोस के घर की घड़ी है यह। आप्पा ने लायी थी···आप्पा यानी कौन?

मां : कौन?

पिताजी : [ऊंची आवाज में उत्तेजित होकर] कौऽन? अब तुम्हें घर के लोग भी याद नहीं रहे। अपने मायके का खानदान फटाफट पढ़कर सुनायेगी। अप्पा यानी···

मां : मालूम है! दाजी के पिताजी।

पिताजी : विट्ठल विश्वनाथ···उन्हीं का नाम मुझे दिया गया···

मां : वे भी घड़ीसाज थे? [खु···खु···हंसती है। पिताजी चिढ़ते हुए देखते हैं। वह बिस्कुट की पुड़िया देती हुई—] उत्तेजित हो गए न? बिस्कुट खाइए!

पिताजी : तुम्हें नहीं मालूम, रुक्मिणीबाई! आदमी मरता··· जाता है। उसकी यादें ऐसी ही चीजों में रह जाती हैं। इसीलिए मैं इस घड़ी की मरम्मत करना चाहता हूं। ···अच्छा, मेरे औजार लाओ, ऐसा कहता हूं, तो वह भी नहीं लाकर देता! मैं खोलकर रिपेयर करूंगा!

मां : दाजी की जेब घड़ी विशा को दीथी वह कहां है? सो नेकी चैन थी उसमें—

पिताजी : इसीलिए उसने मांग ली! रखी है या बेच खायी, कौन जाने! [बाहर ड्राइंगरूम में जाने लगते हैं।]

मां : कहां जा रहे हैं ?

पिताजी : मेरे औजार, कल लाने के लिए कहता हूं। मैं घड़ी रिपेयर करूंगा।

मां : [उन्हें रोकते हुए] यहां बैठिए। बहुत हुआ आपका रिपेयरिंग !

पिताजी : हाथ कांपते हैं इसलिए ? तुम्हें क्या लगा ? मैं रिपेयर नहीं कर सकूंगा ? गवर्नर के बंगले की सारी घड़ियां मैंने रिपेयर की हैं ! घड़ी खराब हुई कि गवर्नर कहता, कॉल मिस्टर ईनामदार ! क्या नाम था उसका ?

मां : रॉजर लंबले—

पिताजी : राइट ! [चौंककर] तुम्हें कैसे मालूम ?

मां : बार-बार वही सुनती हूं न, जिंदगी भर !

पिताजी : रॉजर लंबले ! भला आदमी। मर गया होगा। बगीचे में घूमते समय पूछता था, हावु हार यू ? मैं कहता···

मां : [सिर हिलाते हुए] ओक्के···ओक्के ! [हंसती है]

पिताजी : यह भी यदि तुमने जिंदगी भर सुना होगा, फिर भी मैं फिर से सुनाऊंगा। मैं कहता था···

मां : [सिर हिलाते···हंसते हुए] ओक्के···ओक्के !

पिताजी : [चिढ़कर] ओक्के !

[माँ हंसते हुए फिर बिस्कुट की पुड़िया आगे रखती है। वे 'नहीं चाहिए' ऐसा चिल्लाकर कहते हैं और कमरे की बत्ती जलाकर अपने दीवान के नीचे की ट्रंक खींचकर उसमें कुछ खोजने लगते हैं। अभी तक हॉल का टी०वी० चल रहा था। विशा और लीला टी० वी० देख रहे थे। लीला बीच-बीच में उठकर रसोई में जाती थी। वापस टी० वी० के सामने बैठ

जाती थी।]

मां : खाने-पीने के बारे में, विशा के सामने आपको नहीं कहना चाहिए था। वह लीला को बतायेगा—

पिताजी : बताने दो ! मैंने कुछ गलत कहा ?

मां : ऐसे संबंध खराब होते जाते हैं।

पिताजी : होने दो !

मां : कैसे होने दें। हमें आज जरूरत है।

[वे उत्तर न देकर ट्रंक में कुछ खोजते रहते हैं। इतने में लीला हॉल का टी० वी० बन्द करती है और भीतर जाने लगती है। इतने में···]

विशा : तभी मां-पिताजी जब बैठे थे, तब तूने टी० वी० बन्द नहीं करना चाहिए था।

लीला : आपको क्या मालूम, लगातार टी० वी० देखना आंखों के लिए ठीक नहीं ! [वह भीतर जाने वाली थी, इतने में—]

विशा : और उसे एकाध फुलका और परोसती रहना···

लीला : कुछ कह रही थी ?

विशा : नहीं·· पर वह कमजोर लग रही थी।

लीला : शुगर के कारण ! पिताजी बड़े लाएंगे···[विशा चौंकता है] भजिए लाएंगे···बिस्कुट खायेंगे···किसी की भी जीभ पर कंट्रोल···

विशा : बूढ़े हैं···उन्हें क्या छोड़ सकते हैं ?

लीला : [फुफकारती] यह आप छोटे भाई को क्यों नहीं कहते ? मीना इन्हें क्या खिलाती है, देखेंगे न ? फरसान खिलायेंगे·· फरसान के साथ मुफ्त मिली चटनी, भोजन के समय !···

विशा : फिर भी लीला, वे अपने हैं।···उनकी देखभाल करनी

होगी !

लीला : हां, घड़ी को चाबी भरने जैसा सरल काम नहीं है, यह। हमारे लिए जैसी हमारी लाइफ बची ही नहीं! इनके कारण कहीं चार दिन पंचगनी तक नहीं जा सकते—

[पैर पटकती भीतर निकल जाती है। पीछे-पीछे वह भी भीतर जाता है।]

मां : दोनों की कुछ खिच्-खिच् चल रही थी···आपको कुछ सुनाई दिया ? [पिताजी का ध्यान नहीं था। वे ट्रंक में कुछ खोजने में मग्न···] ऐसा क्या खोज रहे हैं ?

पिताजी : वह कविता की पुस्तक खोज रहा हूं।···शरदिनी फातर्फेकर की है···है या नहीं भगवान जाने।

मां : पर अभी उसके लिए ऐसा क्या काम रुक गया है ?

[इतने में लीला कमरे में आती है और स्वीच ऑफ कर बत्ती बुझाती है।]

लीला : [जाते-जाते अपने आप चिढ़ते हुए] यूं ही बेकार में बिजली जलाते हैं। [भीतर जाती है]

मां : [समझाते हुए] रहने भी दीजिए ! उसे कल ढूंढ़िए।—

पिताजी : [गुस्से में उठते हुए] नहीं। मैं अभी देखूंगा ! [बत्ती जलाते हैं]

मां : पर हम भी बिजली क्यों बरबाद करें ?

पिताजी : [तंग आकर] जलाऊंगा ! जलाऊंगा ! मैंने अपनी दुकान उसे मुफ्त में दी है ! बिजली मुफ्त में नहीं जलाता मैं !

मां : [हताश होकर] जलाइए ! ऐसा करने पर सिर्फ बुराई ही बढ़ेगी !

पिताजी : बढ़ने दो !

[ट्रंक में खोजते-खोजते उन्हें एक छोटी थैली मिलती है। खोलकर उसमें रखे पत्र की ओर देखते रहते हैं। उस पत्र में सौ रुपये का नोट लगा है।]

मां : यह दाजी का अन्तिम पत्र है न ?

पिताजी : [चिढ़कर] क्यों ? उन्हें ऐसा क्यों लगा कि मैं उनके अन्तिम संस्कार का खर्च नहीं उठाऊंगा ?···इकलौता लड़का होकर ? और अंततः किसने किया ? मैंने ही उठाया न सारा खर्च ? होम-हवन करके शान्ति भी की—

मां : उनके शाप तो हमें नहीं सता रहे हैं ?

पिताजी : [अचानक कुछ नया सुन चौंकते हुए] शाप ? क्यों ? क्यों ? मैंने ऐसा क्या किया जिसके लिए वे इस तरह नाराज हों ?

[अचानक भाव-विवश होकर वे फफक पड़ते हैं। कमीज की आस्तीन से आंखें पोंछते हैं।]

मां : [सांत्वना देते हुए] सुनते हैं ? अब दीया-बत्ती के समय आंखों से पानी मत बहाइए। इस बात को पचास वर्ष हो चुके हैं···यह नोट यदि अब भी चलता होगा तो किसी संस्था को दे डालिए—[वे नोट निहारते रहते हैं।] उस समय जमीन छुड़ाने के लिए दो हजार रुपये भेजे होते···

पिताजी : [दुःखी होकर] मानता हूं। पर मेरे पास थे क्या···? और मैं अपनी दुकान देखूं कि इनकी जमीन छुड़ाऊं ?

मां : सिर्फ इतनी बात पर उन्होंने आपका नाम लेना छोड़ दिया···और आपने उनका···

पिताजी : वहां मैं गलत था। जवानी में यह सब नहीं सूझता ! उनके साथ मुझे नहीं झगड़ना चाहिए था ! [फिर

आंखें पोंछते हैं।]

मां : अब यह ट्रंक बन्द कीजिए —

[वे थैली लपेटकर ट्रंक में रखते हैं। ट्रंक दीवान के नीचे सरकाते हैं। इतने में कुत्ता भौंकने लगता है। लीला दो थालियां लेकर कमरे में आती है।]

मां : [लीला से] अरी, वह बॉबी चिल्ला रहा है···उसे दे पहले—

लीला : [उलाहनापूर्ण] पहले आप खाइए···[वह एक थाली मां को देती है और दूसरी पिताजी को। जाते-जाते मां से] दो फुलके हैं, देखकर खाइए ! [जाती है]

मां : [पिताजी से] सुना ?

पिताजी : सुन लिया ! कब से मछली तलने की गंध आ रही है—

मां : रहने दीजिए मुझे तली चीज नहीं खानी हैं। अपनी थाली से आधा टुकड़ा दीजिए—क्या है ? पॉपलेट ?

पिताजी : [थाली में खोजते हुए] मेरी थाली में भी नहीं है। [कटोरी में अंगुली डुबोते हैं] आग लगे ऐसे खाने को ! फ्रीज में रखी सुबह की सब्जी ठीक से गरम भी नहीं की है।

मां : [उठते हुए] चिल्लाइए मत। वह भी क्या-क्या करेगी ? और क्यों ? लाइए मैं गरम कर लाती हूं।

पिताजी : [थाली देते हुए] आते समय पॉपलेट के दो टुकड़े भी लेती आना।···मुफ्त में नहीं खाते। दुकान क्या मुफ्त में दी है ?

मां : [जाते-जाते] दाजी का ही स्वभाव है आपका—[जाती है]

[मां के रसोई में जाते ही थाली गिरने की और विशा व लीला के चिल्लाने की आवाज सुनाई पड़ती है। यह

सुनकर पिताजी जल्दी-जल्दी रसोई की ओर लपकने लगते हैं। इतने में विशा और लीला मां को उठाकर लाते दिखाई देते हैं।]

विशा : [गुस्से से] लड़खड़ाकर गिर पड़ी। इधर-उधर क्यों जाती है?

लीला : जो चाहिए, मुझे बताइए न? आपको रसोई में आने की क्या जरूरत?

[तीनों उसे उठाने लगते हैं। फिर वही अंधेरा।]

प्रवेश-2

[स्थान वही। पंद्रह दिन बाद। सुबह के दस बजे हैं। रविवार का दिन। विशा हॉल में अखबार पढ़ रहा है। इतने में दरवाजे की बेल बजती है। कुत्ता भौंकता है। विशा दरवाजा खोलता है। शरद भीतर आता है। उम्र पैंतीस पार कर ली है।]

विशा : एम्बुलेंस आ गई?

शरद : [घड़ी देखता हुआ] एक घंटे में आयेगी। तूने पिताजी को बताया?

विशा : नहीं। मेरी हिम्मत ही नहीं हुई!

[इतने में प्लॉस्टर का पांव किसी तरह टिकाती हुई लीला के सहारे मां भीतर से—रसोई से हॉल में आती है।]

मां : [दूर से ही] कौन है—विशा शरद आया?

विशा : हां!

मां : मैंने आवाज से पहचान लिया—

शरद : [भीतर आते हुए] मां क्या कहती है ?

मां : क्या कहूं ?···अकेला ही आया है ? [अपने छोटे कमरे में आते-आते]

शरद : मीना दिल्ली गई है···

मां : किसलिए ?

शरद : उसकी सोशल वर्कर्स कॉन्फ्रेंस है···

मां : बानू अकेली ही घर पर···?

शरद : वह अपनी दादी के पास गई है। [मां सिर्फ सिर हिलाती है। यह दादी अस्तित्व में नहीं है—इन अर्थों में] तुम्हारी तबियत कैसी है ?

मां : [तंग आकर] मेरी तबियत का क्या ? मैं जी रही हूं, यही सबसे बड़ी तकलीफ है।

शरद : जिओ मां, खूब जिओ ! खुशी-खुशी जिओ ! पैर से प्लास्टर निकलने के बाद, घर के भीतर···[लीला मां को दीवान पर बैठाती है और भीतर जाती है।]

मां : [हंसते हुए] किस घर में ? [लीला अर्थपूर्ण हंसी हंसती है और भीतर जाती है।]

शरद : [विचलित होता है] वह देखेंगे—[जेब से दस का नोट निकालकर देता है]

मां : तू आने के बाद क्यों देता है यह ?

शरद : खर्च के लिए रख लो ! पिताजी कहां गये हैं ?

मां : नहाने के लिए। आज रविवार है न। धोबी घाट बना दिया होगा। यूं ही अपना कुछ धोते रहते हैं।

शरद : एक बार वो कोट धोने के लिए कहो—

मां : कोट ? [माथे पर हाथ मारते हुए] क्या-क्या नहीं रहता उस कोट में—[शरद एक कोट में हाथ डालता है। अचानक

चिल्ला उठता है। चूहे के बच्चा छलांग लगाता है।]

शरद : [हंसते हुए] चूहे का बच्चा—

मां : [हंसते हुए] दूसरी जेब में बिल्ली का बच्चा भी होगा। [हंसती है]

शरद : [कोट की जेबें टटोलता है। एक जेब में से लॉटरी की टिकटों का गट्ठा निकालकर दिखाते हुए] देखा ?

मां : क्या है ?

शरद : लॉटरी की टिकटें ! [वापस जेब में रखता है]

मां : पुरानी हैं। बेकार में लेते रहते हैं। दो-चार रुपये इसी में लग जाते हैं।

शरद : [पीछे आते हुए] इसके लिए उन्हें पैसों की आवश्यकता रहती है—

मां : [चौंककर] तुमसे मांगे ?

[इतने में पिताजी नहाकर आते हैं।]

पिताजी : तू कब आया ?

शरद : अभी आया हूं।···

पिताजी : [मां से] आज नहाने का साबुन नहीं था—

मां : क्यों ?

पिताजी : छिपाकर रखा था ! कपड़ों के साबुन से नहाया—

[शरद कुत्सित हंसी हंसता है]

मां : [हंसते हुए] कपड़ों समेत नहाना चाहिए—

पिताजी : इससे क्या होगा ?

मां : नहाने के साथ ही कपड़े भी अपने आप साफ !

[सब हंसते हैं]

[रसोई से लीला आती है। आते-आते शरद की ओर देखती है। शरद की पीठ उसकी ओर है। वह विशा के पास जाकर कहती है 'जनाब खाना खाने आये हैं' कह

कर व्यंग्य का अभिनय करती है और कमरे में आती है।]

लीला : मीना दिल्ली में कितने दिन रहेगी?

शरद : देखना है! हफ्ते भर तो निश्चित ही रहेगी···

पिताजी : [चौंककर] दिल्ली में? अरे, मुझे तो बताया होता···

शरद : क्यों?

पिताजी : करोलबाग में जाकर शरदिनी फातर्फेकर को मिलने के लिए कहा होता—

शरद : ये कौन है?

पिताजी : जाने दे इसे! [शरद से] और कैसा चल रहा है?

लीला : [हंसते हुए] पिताजी कह रहे थे, चार महीने छोटी बहू के पास रहने जाऊंगा—

शरद : सोशल वर्क के कारण छोटी बहू को समय कहां है?

पिताजी : मैंने ऐसा कुछ भी नहीं कहा है—

लीला : [हंसते हुए] मैं उनके मन की बात बता रही हूं—

पिताजी : ऐसा!···ठीक है! मुझे लगा, तुम अपने मन की बता रही हो!

[शरद हंसते-हंसते वहां से खिसकता है और हॉल में आताहै। उसकी पीठ घूमते ही लीला अंगूठे और तर्जनी को मिलाकर 'पक्के हैं' के अर्थ में संकेत करती है।]

लीला : [हाथ नचाते हुए] पक्के हैं! [मां को यह पसंद नहीं]

पिताजी : कौन?

लीला : यही छोटे!

पिताजी : वह छोटी भी वहां यही कह रही होगी—पक्के हैं—

लीला : कौन?

पिताजी : बड़े और बड़की! [खुद ही हंसते हैं।]

[लीला रसोई में जाती है।]

शरद : [लीला से—उसके जाते-जाते] भाभी, आज मछली कौन-सी है ?

लीला : [जाते-जाते] कोलंबी !

शरद : वाह ! [तुच्छ कटाक्ष बिखेरती लीला भीतर जाती है।]

पिताजी : [मां से] शरद ने तुम्हें कुछ दिया ?

मां : [नोट दिखाती] दस रुपये !

पिताजी : अहो भाग्य ! पिछले हफ्ते आया था तब नहीं दिये थे—

मां : क्यों देना चाहिए ?

विशा : [हॉल में] जो कुछ कहना है, एक बार कह डाल—मुक्ति मिले !

शरद : [हॉल से] पिताजी—

मां : वह बुला रहा है···कुछ हाथ में रखा तो चिढ़कर ना मत कहिएगा। [पिताजी हॉल में आते हैं।]

विशा : बैठिए। [बैठते हैं]

शरद : [शांत भाव से] पिताजी, अब आपकी कहीं स्थायी व्यवस्था करना आवश्यक है—[अचानक कुत्ता भौंकता है।]

पिताजी : मेरे ध्यान में है—मैं भी कोशिश में हूं···

शरद : आपके प्रयत्न जाने दीजिए—[सब एक-दूसरे की ओर देखते हैं।]

शरद : अब तो पैसे भी जाने लगे हैं—

पिताजी : [गुस्से से—पर धीमी आवाज में] क्या कहा ?

विशा : मेरे बैग से सौ रुपये निकाले --

पिताजी : पर मैंने तुझे बताया—

विशा : निकालने के बाद—

पिताजी : निकालने से पहले बताया होता, तो तू बैग को ताला

लगा देता···

विशा : अब मैं बैग भीतर ही रखता हूं···

पिताजी : रखो ! अब मुझे पैसे भी नहीं चाहिएं···पंद्रह दिन पहले···यह···तुम्हारी मां टूटकर गिर पड़ी···तब [शरद को] तुम्हें फोन कर मैंने सौ रुपये मांगे थे। देता हूं···देता हूं बोला···दो बार मां को देखने आया··· पैसों के बारे में कुछ नहीं बोला···तू देगा नहीं, यह मुझे पहले ही मालूम था···इसीलिए [विशा को] तुम्हें मांगे···हर दो दिन बाद याद दिलायी···देता हूं··· दूंगा कहा ! मेरे पास रुकने के लिए समय नहीं था। इसलिए मैंने तुम्हारे बैग से पैसे निकाले···और बाद में तुम्हें बताया। दुकान के गल्ले से मैं पैसे उठा सकता हूं। दुकान मेरे नाम पर है···पर कोर्ट में इन दिनों जाना कठिन है। इसलिए तुम्हारे बैग से पैसे निकाले ! तू गल्ले से उठाकर बैग में रख···

विशा : आपकी जानकारी के लिए बता दूं···अब दुकान मेरे नाम पर है—

पिताजी : होगी। मैंने कब दस्तखत किये मुझे याद नहीं !

शरद : पर पिताजी, आपका खर्च ही क्या है ? पैसे किसलिए ? यह टोकरी भर लॉटरी की टिकटें खरीदने के लिए ?

पिताजी : लॉटरी की टिकटों के लिए मैंने तुमसे पैसे नहीं मांगे थे। लॉटरी के लिए तुम्हारी मां से लेता हूं···रुपया-दो रुपया···कभी-कभी !

विशा : फिर सौ रुपये किसलिए ?

पिताजी : मुझे अखबार में···'नवभारत टाइम्स' में एक विज्ञापन देना था—

शरद : [चौंककर] विज्ञापन ? किसलिए ?

पिताजी : यह टूटकर जब गिरी तब मेरे दिमाग में एक बात आई···रुको···विज्ञापन पढ़कर ही सुना दूं···[जल्दी-जल्दी भीतर आते हैं। दूसरे कोट की भीतरी जेब से विज्ञापन की कतरन लेकर आते हैं। तब तक दोनों आश्चर्य से पिताजी की ओर देखते रहते हैं। मां जहां बैठी है, वहीं ऊंघ रही है।]

पिताजी : [कतरन देते हुए] पढ़ो—[बीच में ही – शरद से] तुम्हें स्कूल में वाचन के लिए हमेशा कम नम्बर मिलते थे। [सब विचलित हो हंस पड़ते हैं] सुनिए—[पढ़ने लगते हैं] जिन्हें औलाद नहीं है···या बच्चे होकर भी शोक है—ऐसे लोग बच्चे गोद लेते हैं। जिन्हें मां-बाप या दादा-दादी नहीं हैं, या होकर भी इच्छा है, ऐसे लोग मां-बाप या दादा-दादी क्यों न गोद लें ? इच्छा होने पर सत्तर-पचहत्तर साल का एक वृद्ध जोड़ा गोद लेने के लिए उपलब्ध है। मिलें या लिखें···विट्ठल विश्वनाथ ईनामदार···केअर-ऑफ [दोनों की ओर देखकर मंद-मंद मुस्कराते हैं]

विशा : [चिढ़कर] केअर-ऑफ मेरा पता ? यानी मेरी बदनामी—

पिताजी : [मंद मुस्काते हुए] नहीं ! केअर-ऑफ शरद विट्ठल ईनामदार—

शरद : [चिढ़ते हुए] ये क्या है पिताजी ? विशा की तो सिर्फ घड़ी की दुकान है···मैं बड़ी इंटरनेशनल फार्मासिटीकल कम्पनी का अधिकारी हूं···यह विज्ञापन पढ़कर मेरी बदनामी होगी ? अर्थात् हम अपने मां-बाप नहीं सम्भाल सकते, लोग तो यही समझेंगे।

पिताजी : [मंद—पर डरावनी हंसी हंसते हुए] पुत्तरो, मुझे अपनी इज्जत से तुम लोगों की इज्जत का अधिक खयाल है ···[विज्ञापन दिखाते] आंखें फाड़कर देखो···पोस्ट-बॉक्स नम्बर दिया है···अरे, केअर-ऑफ के आगे तुम्हारे नाम कैसे लिखूंगा ?

शरद : ऐसे विज्ञापन से कोई पगला भी पत्र नहीं लिखेगा।

पिताजी : लाखों बुद्धिमानों में एकाध पागल भी हो सकता है, शरद ! या लाखों पागलों में एकाध बुद्धिमान···!

शरद : यह बोझ कोई भी नहीं उठायेगा···

पिताजी : कम-से-कम एक पागल तो तैयार हो गया !

विशा : कौन ?

पिताजी : राघव करमरकर। पति-पत्नी प्रोफेसर हैं—

शरद : उनका कुछ स्वार्थ छिपा होगा—

पिताजी : कभी-कभी छिपा स्वार्थ भी उदात्त हो सकता है।

विशा : फिर भी, पिताजी, मुझे लगता है, आप दूसरे के घर में इस तरह आश्रितों की तरह न जायें—

पिताजी : अपने घर-देहरी में हम क्या हैं···?

शरद : ठीक है, वो करमरकर जब आयेंगे, तब आयें···पर तब तक हमने आपकी व्यवस्था कर दी है—

पिताजी : कहां ?

शरद : पेटीट चैरिटी होम में !

पिताजी : ठीक है, पर आठ-दस दिन रुक जाओ !

विशा : क्यों ?

पिताजी : करमरकर यदि हमें ले जाने वाले होंगे···तो पेटीट चैरिटी होम में हमारी जगह कोई दूसरे बूढ़े जा सकेंगे ···[कुछ सोचते हुए] गिरगांव की शांताराम की चाल के दो कमरे यदि तुम्हें न बेचने देता तो अभी वहां रह

सकते थे…किसी पेइंगगेस्ट के साथ…पर हमने प्रेम में कुछ ज्यादा ही विश्वास कर लिया।…खैर, जाने दो!

शरद : करमरकर यदि आपको ले जाने वाले होंगे, तो वे पेटीट चैरिटी होम में से भी ले जा सकते हैं।

पिताजी : पर आठ दिन में क्या चमत्कार हो जायेगा?

विशा : कुछ नहीं होगा, उस होम की जगह निकल जाएगी।

शरद : बहुत सिफारिश से मैंने उसे हासिल किया है—अभी एम्बुलेंस आएगी।

पिताजी : ठीक है…ठीक है! अपनी मां से पूछो! उसके लिए मैं यहां रह रहा हूं। वह न होती तो मैं कब का निकल गया होता…

विशा : कहां?

पिताजी : कहीं भी…गेरुए कपड़े पहनकर! गेरुए ही क्यों? [दोनों को निहारते हैं। दोनों उन्हें ताकते हैं।] गेरुए कपड़े पहनने पर टिकट नहीं निकालना पड़ता! हाथ पसारने पर कुछ-न-कुछ मिल ही जाता है…[कड़ुवाहटपूर्ण हंसी…मंद-मंद] गेरुआ संस्कृति का कितना लाभ है! अपनी मां से पूछो—[पिताजी फोन की ओर बढ़ते हैं। दोनों कमरे में आते हैं। मां बैठे-बैठे ही ऊंघ रही है।]

शरद : मां…मां…

मां : [चौंककर जागती है] शरद, तू जा रहा है? खाना खाया? खाना खाकर जाना—

शरद : हां—

मां : बैठे-बैठे ही आंख अचानक लग गई…ये पैर के लिए कौन-सी दवाई दी है, इससे दिन-रात नींद आती है—अच्छा, खाना खाकर जा! आज संयोग से लीला

मछली लायी है···तुझे पसन्द है···देख रहे हो न, सारे घर भर में गंध कैसी गमक रही है···पेट भर खाना खा —[इतने में लीला बाहर आती है और विशा को इशारे से बाहर बुलाती है। विशा बाहर जाता है।] तुम्हें क्या बता रही थी ?···[माथे पर हाथ पटकते हुए सोचती है। इतने में विशा और लीला का दबी आवाज में संवाद।]

लीला : आप अपनी ओर से रुकने के लिए मत कहिए ! वे रुके तो खाना खायेंगे···

विशा : वह खाना खाकर जायेगा—

लीला : फिर रात में कुछ नहीं बचेगा। मछली बहुत कम है। [वह भीतर जाती है। विशा कमरे में आता है। मां को अभी तक याद नहीं आ रहा···]

मां : ऐसी ही है मेरी खोपड़ी ! इन दवाइयों से कुछ ज्यादा ही ! मैं क्या बता रही थी ?···

शरद : मुझे पेट भर खाने के लिए कह रही थी—

मां : हां ! खाना खाकर जाना ! मछलियों की गंध देखो किस तरह घर भर में फैली है—और देख···इधर मेरी आंख लगी···और तू खाना खाकर गया···तो एक बात बता देती हूं—तू बीच-बीच में यहां आते रहना !···तू यहां आया तो हम तेरे पीछे पड़ेंगे···और तेरे घर रहने आयेंगे, ऐसा मत समझना—तू आंखों से दिख भी गया, तो बहुत है !

शरद : अरी, पर तुम लोगों का आना मुझे क्यों अखरेगा ?

मां : इतना जी भरकर बोला, यही बहुत है !

शरद : परन्तु मोना को तू जानती हैं ··हॉस्पिटल के सोशल वर्क से उसे फुर्सत कहां है ?···मैं हमेशा टूर पर···

मां : और तू जब यहां आता है, तब कुछ देना चाहिए ऐसा

भी कुछ नहीं है—ये कहां गये ?

विशा : किसी को फोन कर रहे हैं···

मां : विशा, ये ऊपर की···उनके अप्पा की घड़ी एक बार मरम्मत करके उन्हें दे दो रे···उनकी इच्छा है तो—

विशा : उस डिब्बे में अब क्या धरा है ?

मां : समय नहीं दिखा तो भी चलेगा···दो घंटियां भी बज गईं तो वे खुशी से नाच उठेंगे—

[विशा 'देख लो' इस तरह शरद को संकेत करता है।]

शरद : मां, तुम्हें एक बात बतानी थी···

मां : जरा रुको !···इस वक्त जिस तरह याद आता है, कह लेने दो···नींद में ही आंखें मुंद गईं तो मन में कुछ रह न जाए !···तुम लोग हमारी हंसी-खुशी के आधार···वो 'धंका' और तू 'मिका'···[हंसती है] याद है न ? ये कहते थे—घंटाकांटा और मिनटकांटा—घंका-मिकां !···एक ही कीले में बिठाये जैसे रहो—हंसते-खेलते ! एक-दूसरे के दुःख-तकलीफ में साथ-साथ ! तू विशा को मदद करना !· तू एमेस्सी तक पढ़ सके इसलिए उसे नहीं पढ़ाया। इनकी कहां हैसियत थी ?

शरद : विशा को दुकान दे दी, मैंने कुछ मांगा क्या ?

मां : अरे, दुकान में क्या मिलता है ? इन्होंने सारी जिंदगी खपायी, क्या मिला ?

[विशा का मन भर आता है। भारी मन से बाहर आता है।]

शरद : वे दिन गये ! अब काफी मिलता है ! विशा क्या बकता रहता है, उस पर मत जा। उसे हमेशा रोने की ही आदत है।

विशा : [हॉल में—पिताजी से] किसे फोन कर रहे हैं ?

पिताजी : करंदीकर को ! कोई उठाता ही नहीं !

मां : बाहर कौन बोल रहा है ?

शरद : विशा और पिताजी !

मां : तू विशा को इस घड़ी की याद दिला—उनकी बहुत इच्छा है—

शरद : मां, तुम्हें एक बात बतानी थी—

मां : [उम्मीद से उसका हाथ थामते हुए] क्या ? मीना की कुछ गड़बड़ है ?

शरद : नहीं—

मां : फिर ?

शरद : तुम्हें और पिताजी को पेटिट चैरिटी होम में रखने का तय हुआ है।

मां : [उसका हाथ जोर से थामती है] वहां कौन है ?

शरद : वहां बूढ़े रहते हैं।

मां : अपना वहां कौन है ?

शरद : अपना कौन होगा ? किसे वक्त है ?

मां : यहां क्यों नहीं ?

शरद : अरी मां, लीला भाभी भी कितने साल देखेगी ? वह ऊब गई है—

मां : हमसे ? [वह बोलता नहीं] अरे, उस बॉबी कुत्ते के सामने दो बार थाली परोसते हो···वैसे ही दो थालियां हमारे सामने सरका दिया करो···और जाओ···कहां जायेंगे ! हमारे मरने के बारे में देर से मालूम हुआ तो भी कुछ नहीं बिगड़ेगा।

शरद : पर मां, पेटिट होम में रहकर तो देखो—सामने फूल सजाते हैं—

मां : प्लास्टिक के ?

शरद : नहीं, सचमुच के ! सुबह गुड मार्निंग कहते हैं···अंडों का ब्रेकफास्ट···दोपहर में मछली···मटन का भोजन।

मां : और खर्चा ?

शरद : मुफ्त में। अरी, यह चैरिटी होम है ! दूसरों के दान पर चलता है—अच्छी जगह है···बूढ़ों के लिए !

मां : [उदास होकर] रखो···कहीं भी रखो ! मीठे नीम के पत्तों-सी हमारी नियति ! छौंकने की सुगंध तक हमारी जरूरत। जरूरत पूरी होते ही थाली के बाहर !···

शरद : कुछ भी मत बोलो···वहां एक बार रहकर देखो—

मां : तू दवाइयों की कंपनी में है···वहां मरने की एकाध दवाई क्यों नहीं खोज निकालते ? हमारा झंझट खत्म हो जाता। जीने के दुख से छुटकारा मिल जाता !

शरद : मां, तू इस तरह मरने की बातें क्यों करती हैं ? मौत क्या मांगने से मिलती है ?

मां : [हताश होकर] मुझे एक बात बताओ—गिरगांव की ···हमारी चाल के पुराने कमरे उनसे वापस ले सकेंगे ? पड़ोसियों ने हमारी देखभाल की होती··· उस समय बेचते समय हमें आगे का कुछ नहीं दिखा ···वहां कुंटेबाई ने हमारी देखभाल की होती···

शरद : कुंटेबाई की मृत्यु भी हो गई !

मां : मर गई ? [उजाड़ नजरों से देखती है और आंचल में चेहरा छिपाकर सिसक-सिसककर रोती है।]

शरद : मां, कुंटेबाई मर गई, क्या इसलिए रो रही हो ?

मां : [रोते-रोते] पता नहीं रे···मैं क्यों रो रही हूं ? [वह बाहर जाने लगता है] उन्हें तो मेरे पास बैठने के लिए

कहो···मेरा कलेजा कांपने लगा है—[वह बाहर जाता है।]

[पिताजी फोन घुमा-घुमाकर थक गये हैं। घबरा गये हैं। डर गये हैं।]

पिताजी : कोई उठाता ही नहीं फोन—

विशा : पिताजी, आप भी! होश में रहकर क्या कोई ऐसी जिम्मेदारी उठायेगा?

पिताजी : क्यों? निरुपयोगी हूं, इसलिए?

विशा : हां!

पिताजी : बूढ़ों की इतनी भी कीमत नहीं? मां-बाप यानी कोई नहीं?

शरद : आपने दादाजी की क्या कद्र की?

विशा : सिर्फ उनका नाम मुझे दिया···

पिताजी : वे गये···उसी साल तेरा जन्म हुआ इसलिए उन्होंने पुनर्जन्म लिया···

शरद : उन्होंने तंग आकर जान दे दी···और अपने अन्तिम संस्कारों के लिए सौ रुपये रख छोड़े···वे आपके भरोसे नहीं रहे···

पिताजी : इसका पश्चाताप मुझे अब हो रहा है···उस समय वे सब विवाद मुझे मिटा डालने चाहिए थे···उन्हें जब जरूरत थी, तब मैंने उन्हें पैसे नहीं दिये···उस समय मेरे पास थे ही नहीं···परन्तु बाद में उनके सारे कर्ज मैंने चुकाये हैं···

विशा : उनकी मृत्यु के बाद!

पिताजी : दुर्भाग्य मेरा! दूसरा क्या कहे?···इसीलिए मैं तुम लोगों से कहता हूं··आज मैं जो यातनाएं भोग रहा हूं·· तुम लोग···बुढ़ापे में इसके शिकार न हो जाओ—

शरद : मेरी ऐसी अपेक्षा ही नहीं है ! मैं बानू के लिए आज जो कुछ कर रहा हूं, वह इसलिए नहीं कि वह बुढ़ापे में मेरी देखभाल करे···वह कोई इन्वेस्टमेंट थोड़े ही है।

पिताजी : शरद, यह तू अब कह रहा है···तू जब सत्तर का हो जायेगा···तब मैं नहीं रहूंगा···तुम्हारी मां भी नहीं होगी···परन्तु उस समय तू कुछ और बोलेगा···आज हम जो कह रहे हैं, वही सब कहेगा ! थक जायेगा ! टूट जायेगा, तब तुम्हें कौन संभालेगा ?

शरद : वृद्धाश्रम—

पिताजी : बोलना आसान है ! सत्तर साल एक अलग वातावरण में गुजरते हैं···इकहत्तरवां साल एक अलग अनजान वातावरण में···जहां स्नेह नहीं···अपनेपन की ठंडक नहीं···विशा, शरद, यह कालचक्र है ! कल तुम लोग हम पर आश्रित थे···आज हम तुम पर आश्रित हैं···कल तुम लोग अपने बच्चों पर आश्रित होगे···इसका अन्त नहीं है !

शरद : आपको मां भीतर बुला रही है···

पिताजी : जाता हूं···

मां : [भीतर से] आ गये क्या ?

पिताजी : [भीतर झांकते हुए] आता हूं—विशा हम जाते हैं ! अरे, कहीं भी मरना है ! जाता हूं। एक बात···जाने से पहले···वह पुरखों की घड़ी ठीक कर जाओ—

विशा : पिताजी, उस घड़ी में ऐसा क्या है ?

पिताजी : कुछ नहीं होगा, फिर भी दीवाल पर वैसा ही रखो—अप्पा की है वह···दादाजी का पॉकेट वॉच कहां है ?

विशा : ढूंढ़ना चाहिए···

पिताजी : उसमें सोने की जंजीर थी। [विशा चौंकता है] रहने दे। एक बात याद रखो···आदमी मरते हैं···उम्र खत्म होती है—उनकी चीजें, उनकी यादें जीवित रखती हैं ···भावना के धागे आगे चलते रहते हैं—भूतकाल से ···वर्तमान काल····भविष्य काल जुड़ता है···रहने दो। तुम लोगों को समझने में अभी वक्त है!

लीला : [अचानक उत्साहित होकर, खुशी से बाहर आती हुई] चलिए, भोजन तैयार है! आज हम सब एक साथ खाना खायेंगे···मां-पिताजी को सेंड-ऑफ···! [कुत्ता भौंकता है] बॉबीऽऽ! क्वाइट! [पिताजी थके कदमों से कमरे में जाते हैं। मां की बगल में बैठते हैं। उसका हाथ अपने हाथ में लेते हैं। वह उनके कंधों पर सिर रखकर रोने लगती है।]

पिताजी : [उसे थपकी देते हुए] रुक्मिणी, तू मत रो!

मां : [रोते हुए] अब कहां जाकर मरें हम!

पिताजी : मरना नहीं है री! जीना है···जीते रहना है!

मां : पर किसलिए?

पिताजी : इसका उत्तर किसी के भी पास नहीं है इसलिए!

मां : [रोते हुए] अज्ञात जीवन कहां जियें···कैसा समय आ पड़ा है हम पर!

पिताजी : जितना नहीं चाहिए, उतना जीना पड़ा है, इसलिए··· [उनका गला भर आता है।]

लीला : [भीतर आती है] आप लोग भीतर आएंगे? [मां-पिताजी शुष्क नजरों से उसकी ओर देखते हैं।] सबके साथ खाने के लिए—आखिरी का? मां, आपको उठाकर ले जाऊं?

मां : [तंग आकर—रुआंसे स्वर में] उठा ले जाओ एक ही

वार—श्मशान में !

लीला : [हंसते हुए] कुछ भी बोलती हैं ? फिर यहीं थाली ले आती हूं !

मां : तुम लोग खाओ ! हमें कुछ नहीं चाहिए !

लीला : मां, मछली है—

मां : मेरे हिस्से की शरद को दे···इनके हिस्से की विशा को दे—

लीला : थोड़ा खा लीजिए···अच्छा लगेगा—

मां : नहीं री ! हमारी भूख मर गई है, मुंह का स्वाद ही चला गया—

लीला : पिताजी, आप ?

पिताजी : नहीं ! हम वहीं खायेंगे।

लीला : कहां ?

पिताजी : पेटिट चैरिटी होम ! चैरिटी फूड खाएंगे !

लीला : [बाहर आती है] यह सब उन्हें खाना खाने के बाद आप लोगों ने बताना चाहिए था···

विशा : क्यों ?

लीला : अब वे खाने के लिए मना कर रहे हैं—

[पल भर के लिए सब विचलित होते हैं। कुत्ता आश्चर्यजनक आवाज में भौंकता है और विचित्र आवाज निकालता है। लीला 'बॉबी···बॉबी' आवाज देते हुए गैलरी में जाती है और बॉबी को थपकियां देती दिखाई देती है। विशा और शरद अजीब स्थिति में मां के कमरे में आते हैं।]

विशा : मां···पिताजी, आप दो निवाले खा लीजिए···

मां : नहीं रे ! तुम दोनों खा लो—

शरद : मां, नहीं तो तुम्हारी तकलीफ बढ़ जायेगी—

मां : बढ़ जाए तो अच्छा होगा—[विक्षिप्तता से] विशा,

रंग्या आया ?

विशा : वह पंचगणी गया है···

मां : हां···हां !

[पिताजी खूंटी से कोट उतारकर तह करने में मग्न हैं। बीच में ही कोट की जेब से लॉटरी के टिकटों का गट्ठा खोलकर देखते हैं। सबका उनकी ओर ध्यान जाता है।]

पिताजी : [शरद से] तू पूछ रहा था, लॉटरी के टिकट क्यों खरीदता हूं ? लाख, दो लाख मिले होते तो···तो पाडलोस में दादाजी के नाम से स्कूल बनाने की इच्छा थी ! [एक टिकट दिखाते हुए] इतनी सी हमारी इच्छा !···इतना-सा हमारा सपना ! [कड़ुवाहटपूर्ण हंसी हंसते हैं] जाओ, तुम लोग खाना खाओ ! तब तक हम तैयार होते हैं। अब एम्बुलेंस आयेगी—और देखो—विशा, शरद···मैं भी स्ट्रेचर पर सोकर ही जाऊंगा ! संभव हो तो स्ट्रेचर कांधे पर उठाना !

मां : [अचानक सिसकियों पर नियंत्रण की कोशिश करते हुए] इस तरह अशुभ कुछ न बोलिए···[वह आंचल में मुंह छिपाती है। उधर कुत्ता अमंगल आवाज में रेंकता है और अंधेरा फैल जाता है।]

प्रवेश-3

[वही कमरा। दूसरा दिन। शाम के छह बजे का समय। लीला भीतर से बाहर आती है। मां पिताजी के कमरे में जाती है। ड्राइंगरूम का ट्रंक खींचती है। दीवान की गद्दी पर बिछी चादर हटाती है। गद्दियों में छेद हो गये हैं और कपास बाहर आ गया है। वही गद्दियों की तह करती है। इतने में बेल बजती है। कुत्ता भौंकने लगता है।]

लीला : [दरवाजे के पास जाते-जाते] चोऽऽप, बॉऽऽबी !

[लीला दरवाजा खोलती है। विशा आता है। एक पल भर कमरे की ओर देखता है।]

विशा : शरद नहीं आया ?

लीला : वे क्यों आयेंगे ?

विशा : तुम्हारा फोन आने के बाद मैंने उसे फोन किया··· बोला—आता हूं···

लीला : [तुच्छता से] न आने के लिए क्या हुआ ? मीना फिर दिल्ली चली गई है। वह यहां खायेंगे और जायेंगे—

विशा : अरी, छोटा भाई है, वह !

लीला : फिर छोटा भाई क्यों नहीं कभी बड़े भाई को खाने पर बुलाता ?

विशा : पिछले महीने खाने पर गये थे हम !

लीला : गये थे न ! दाल-भात ! और मां के घर से लाई चने का साग ! और फरसान के साथ मिली मुफ्त की चटनी।···उन्हें आज बुलाने की कोई जरूरत नहीं थी !

विशा : ये देखो···वो करमरकर आने वाले हैं···उनके साथ

बात करते समय शरद रहा तो अच्छा होगा⋯मत-लब मैंने अकेले ने कुछ निर्णय लिया है, ऐसा न लगे !

लीला : गलती मेरी ही है ! [वह 'क्या' इस अर्थ से उसकी ओर ताकता है] उन करमरकर को शरद के घर ही बुलाना था।

विशा : [जूते उतारते हुए] आज मुझे ऐसा लगा जैसे किसी दूसरे के घर आ गया हूं।

लीला : क्यों ?

विशा : पिछले कितने सालों की आदत ! बाहर से आने पर मां-पिताजी के इस कमरे की ओर देखने की आदत—

लीला : आज मुझे भी दिन भर घर खाने को दौड़ता रहा—

विशा : फिर उन्हें वापस बुला लें ?

लीला : [चौंकते हुए] मां-पिताजी ? बुलाइए न !

विशा : बुलाइए न ! [कमरे की ओर देखते हुए] उन ट्रंकों का क्या करेंगे ?

लीला : क्या करेंगे ? मां की ट्रंक में सिर्फ पुरानी साड़ियां हैं और कुछ नहीं है ! उनके हाथों में दो चूड़ियां हैं, बस इतना ही है ! और गले में माला !⋯पिताजी के ट्रंक में सिर्फ कचरा है—कल जुना-पुराना सामान खरी-दने वाले को बुलाकर दे डालती हूं⋯इन ट्रंकों का भी हमारे लिये कोई उपयोग नहीं है।

विशा : मां की साड़ियां ?

लीला : उसे फेरी वाले को देकर बर्तन ले लूंगी !

विशा : [सोचते हुए] मुझे लगता है, लीला, हम जल्दी न करें। अच्छा नहीं दिखेगा।

लीला : मुझे यह छोटा कमरा बॉबी के लिए चाहिए⋯यहां ये ट्रंक नहीं चाहिए।

वशा : ऊपर डाल देते हैं—

लीला : और गद्दियों का कपास बेच डालती हूं।

[इतने में दरवाजे की बेल बजती है। कुत्ता भौंकता है। लीला दरवाजा खोलती है। शरद आता है।]

शरद : [कमरे की ओर निहारते हुए] तुम्हें एक एडमिशनल कमरा अच्छा मिल गया! बाल्कनी थी, ऐसा लगता भी नहीं।

विशा : [हंसी उड़ाता हुआ] अब यहां बॉबी—

शरद : फिर इस दीवान का क्या करोगे…?

लीला : [जल्दी से] रंग्या आता है न छुट्टियों में…उस समय उसे लगेगा…

शरद : दोनों?

लीला : दोनों जोड़कर…कम चौड़े हैं…

शरद : [बैग रखते हुए] मैं जरा फ्रेश होकर आता हूं।…

[भीतर जाता है।]

लीला : [धीमी आवाज में] दीवान उड़ाने की सोच रहे थे… मुफ्त में…[वह हंसता है] गद्दियां मांगें तो कहिए मैं मायके से लायी थी…

विशा : मायके से…?

लीला : बताइए ऐसा—

शरद : [बाहर आते हुए] ये करमरकर फोन पर क्या बोल रहे थे…

लीला : बोले…विट्ठलराव ईनामदार से बात करनी है…मैंने कहा, वे बाहर गये हैं…उन्होंने कहा, बताइए कि मैं शाम को आ रहा हूं—

शरद : बस इतना ही?

लीला : हां!

विशा : इस आदमी का क्या उद्देश्य होगा ?

शरद : मैं भी कल से यही सोच रहा हूं।

विशा : शायद, पिताजी के पास पैसा नहीं है, यह जानकर भाग जायेगा !

लीला : पर वे प्रोफेसर हैं, देवरजी !

शरद : पैसों के सामने किसी का कुछ नहीं कह सकते ! पैसा आदमी से कुछ भी करवा सकता है !

विशा : उसके आने पर हम उसे यह बताएंगे।

शरद : हम यह भी कह सकेंगे कि हमारे घरेलू मामलों में वह दखल न दें !

लीला : सच है ! उसे कहो, बहुत हुआ तो अपने मां-बाप संभाल ले ! [दरवाजे पर बेल बजती है। कुत्ता भौंकता है। लीला दरवाजा खोलती है। दरवाजे पर राघव करमरकर। पैंतीस के आसपास। दिखने में सामान्य।]

राघव : मैं करमरकर—राघव करमरकर···

विशा : [उठते हुए] आइए—आइए—मैं आप ही का इन्तजार कर रहा था—

[शरद, राघव को गौर से देखता है—अंदाज बांधता है—उसे तौलता है।]

राघव : आप उनके सुपुत्र हैं ?

विशा : हां···मैं बड़ा···विश्वनाथ···यह छोटा···शरद ! यह मेरी पत्नी—लीला ! बैठिए न···!

[सब बैठते हैं। लीला भीतर जाती है]

शरद : आप क्या करते हैं ?

राघव : मैं और मेरी पत्नी···हम दोनों लेक्चरार हैं···फिलॉसफी के !···नेशनल कॉलेज में !

विशा : फोर्ट में घड़ी की मेरी दुकान है···ईनामदार वॉच

कंपनी !

राघव : आई बिलिब्ड, आई हैव सीन…गनबो स्ट्रीट में ?

विशा : राइट !…यह इंटरनेशनल फार्मासिटीकल्स में परचेज आफीसर है—

राघव : गुड !

शरद : मेरे पिताजी के बारे में आपको क्या जानकारी है ?

राघव : कुछ नहीं !

शरद : उनके पास कुछ भी…कुछ भी, अर्थात् कुछ भी पैसा नहीं है !

राघव : बहुत अच्छा !

शरद : हम दोनों कुछ भी खर्च नहीं कर सकेंगे।

राघव : यह तो और भी अच्छा है। [दोनों चौंकते हैं] क्योंकि हमारी कोई अपेक्षा नहीं है।

विशा : परन्तु इसमें आपको क्या फायदा है ?

राघव : किसमें ?

विशा : दूसरों के मां-बाप की देखभाल करने में—?

राघव : नहीं…नहीं ! वैसा कोई विचार ही नहीं है ! पैसों का…नफा-नुकसान का विचार करने से हमारी भावनाएं दूषित होती हैं…

शरद : पैसों का विचार नहीं है, तो यह सारा किसलिए ?

राघव : जस्ट फॉर द सेक ऑफ इट ! दो बूढ़ों का जीवन जितना संभव है, सुखी करना, बस !

[दोनों कुछ समझ नहीं पा रहे हैं। वे एक-दूसरे को देखकर हंसते हैं]

शरद : आपके माता-पिता ?

राघव : मैंने अपनी मां को देखा तक नहीं ! मैं पंद्रह दिन का था, तभी वह चल बसी।

शरद : और पिताजी ?

राघव : वे घर छोड़कर चले गये—

शरद : झगड़कर ?

राघव : नहीं, वे इस तरह दो-तीन बार जा चुके हैं।

शरद : जो अपने मां-बाप नहीं संभाल सके—

राघव : ऐसी बात नहीं है। मां के स्वर्गवास के समय मैं पन्द्रह दिन का था। उस समय तो झगड़े की कोई बात नहीं थी ? परन्तु, उस समय वे गये तो पांच साल बाद आये। मैं पड़ोसी गाडगिल के परिवार में बढ़ा। उन्होंने मेरी जिम्मेदारी क्योंकर उठायी ? अंततः एक-दूसरों के सुखों के लिए, हितों के लिए किसी-न-किसी को हाथ बढ़ाना ही पड़ता है।

विशा : आपके पिताजी वापस आ गये तो ?

राघव : कभी न कभी तो आएंगे ही—

विशा : फिर ?

शरद : हमारे माता-पिता लौटा देंगे ?

राघव : नो···नो। हम सब एक साथ रहेंगे। ऑलरेडी··· हमारे पड़ोसी बाबूराव जोशी हमारे यहां कभी-कभी रहते ही हैं ! ये अकेले ही हैं—

[विशा और शरद को यह उदारता समझ नहीं पड़ती। वे एक-दूसरे को देखते हैं और आश्चर्य से हंसते हैं]

शरद : [हंसते हुए] इट् लुक्स फनी !···

राघव : इट् डज लुक फनी ··इस पैसे की दुनिया में !

शरद : मैंने आपको एक बात बतायी, तो क्या वह आपको उदण्डता लगेगी ?

राघव : नहीं···नहीं ! बताइए न—

शरद : मुझे ऐसा लगता है···ब्रादर, हमें ऐसा लगता है कि

हमारे माता-पिता का मामला हमारी घरेलू बात है और आप इसमें न पड़ें !

राघव : अब मैंने एक बात आपसे कही, तो आपको उदण्डता तो नहीं लगेगी ?

शरद : [अनिच्छा से] कहिए—

राघव : जिस दिन आपके पिताजी ने 'हमें गोद लीजिए' ऐसा विज्ञापन दिया उस दिन से यह आपकी घरेलू बात नहीं रह गई। जिसने भी यह विज्ञापन पढ़ा होगा, उन्हें मालूम हो गया होगा इस बूढ़े के पास पैसे नहीं हैं···इतना ही नहीं, इस विज्ञापन के लिए लगने वाले अस्सी-नब्बे रुपये भी उसने अपने बेटे की जेब से, बक्से से चुपचाप निकाले होंगे ! [दोनों एक-दूसरे को देखकर चौंकते हैं] आपके पिताजी के पास यदि पैसे होते तो विज्ञापन का सवाल ही नहीं उठता—[पलभर के लिए एक चुप्पी छा जाती है]

शरद : [हंसते हुए] हमारे माता-पिता को आप अपने माता-पिता मानने···

राघव : [हंसते हुए] आप गलती कर रहे हैं—

शरद : क्या ?

राघव : आप उन्हें अपने माता-पिता नहीं मानते इसलिए मैं मानूंगा —

शरद : फिर भी मुझे यह निरा पागलपन लगता है—

राघव : अण्णा कर्वे—

शरद : ये कौन ?

राघव : धोंडो केशव कर्वे···

शरद : हां···हां ! वे भी खूब दिन जिए !

राघव : [हंसते हुए] आपको शायद सिर्फ इतनी ही जानकारी

है—अजी साहब, वे सिर्फ जिए ही नहीं। दुनिया की ठुकरायी स्त्रियों को उन्होंने अपनी बेटियां माना··· उस समय उन्हें भी पागल कहा जाता था···ऐसा पागलपन किसी न किसी को करना चाहिए—

शरद : हमने विरोध किया तो—?

राघव : मुझे उनसे मिलना ही है ! फिलहाल वे कहां हैं ?

विशा : हमारा विरोध है, ऐसा मत समझिए !···पर हमने कल ही उनकी दूसरी जगह अच्छी व्यवस्था कर दी है···अब उन्हें डिस्टर्ब मत कीजिए !

राघव : वे अब कहां हैं ?

विशा : पेटिट चैरिटी होम में—

राघव : अरे रे—

विशा : क्यों ?

राघव : वे आठ-दस दिन में ही खत्म हो जाएंगे !

शरद : बिल्कुल नहीं ! दे आर वेरी हैपी—

राघव : मेरे एक मित्र ने अपने वृद्ध माता-पिता वहां रखे थे··· वहां का विकलांग वातावरण···रूखा जीवन··· आंखों के सामने मरने वाले लोग···

शरद : ऐसा कुछ नहीं है ! वहां सुबह गुडमार्निंग कहते हैं—

राघव : हां ! पर जिसे गुडमार्निंग कहा था, वह मरा था, यह गुड इवनिंग को मालूम होता है !

शरद : नानसेंस···अंडों का ब्रेकफास्ट···फिश···मटन··· चिकन···सब डोनेशन पर···

राघव : परन्तु, मेरे मित्र के पिताजी आठ-दिन में चल बसे···

शरद : फिर उन्हें आपने गोद क्यों नहीं लिया ?

राघव : यह कल्पना···बूढ़े माता-पिता को गोद लेने की बात कभी मेरे ध्यान में ही नहीं आई···आपके पिताजी का

विज्ञापन पढ़ा और इस कल्पना से ही मैं रोमांचित हो गया… इरावती के साथ मैंने चर्चा की…इरावती… मेरी पत्नी…और उसी दिन पत्र भेज दिया…[रुककर] पेटिट चैरिटी होम…वो दादाजी रोड पर ही है न ?

विशा : हां—

राघव : [उठता है] मैं उनसे मिलूंगा…यदि वे वहीं रहना चाहते हैं, तो ठीक है—आना होगा तो…

शरद : परन्तु, यह यदि हमें पसन्द नहीं आया तो ?

राघव : [हंसते हुए] उनकी उम्र कम-से-कम इक्कीस साल की तो होगी न ? [हंसता है]

[इतने में कुत्ता रेंकता हुआ विचित्र आवाज में रोता लगता है। विशा और शरद बालकनी की ओर देखते हैं ।]

राघव : यह आप ही का कुत्ता है ? बीमार है ?

विशा : नहीं—

[बालकनी में लीला दिखाई देती है। वह बॉबी…बॉबी… कहकर उसे दुलारती है ।]

राघव : वह आश्चर्यजनक ढंग से चिल्लाया…ठीक है…मैं चलता हूं—

[इतने में बेल बजती है। कुत्ता उसी आवाज में रोने-सा स्वर निकालता है। विशा दरवाजा खोलता है। दरवाजे पर मां और पिताजी। पिताजी की बगल में कपड़ों की पोटली है। मां बैसाखियों के सहारे भीतर आती है ।]

विशा : मां…पिताजी, आप ?

लीला : [दौड़ते हुए] मां, आप ?

शरद : मां…कम से कम संदेशा तो भेजा होता…

[राघव जल्दी दौड़कर आता है और मां को बैठने के लिए सहारा देता है। बैसाखियां एक ओर रखता है]

विशा : मां, तुम्हें ये नई बैसाखियां किसने दीं ?

मां : पता नहीं। कोई एक लड़का…इनके जैसा [करमरकर की ओर संकेत करते हुए] सुबह आया…और बोला, मां, ये बैसाखियां लो…

विशा : अरी मां, पर वह कौन था ?

मां : उसने अपना नाम नहीं बताया !

पिताजी : विशा, उसका नाम उदारता…अच्छाई ! जिसके कारण यह दुनिया चल रही है ! [राघव की ओर मुड़कर] तुम करमरकर हो ? राघव ?

राघव : हां—

पिताजी : कल लगातार फोन लगा रहा था। कोई उठाता ही नहीं था—

राघव : पिताजी, हमारा फोन खराब हो गया है…

विशा : पिताजी, आप वहां से क्यों चले आए ? पेटिट होम से ?

शरद : और उन्होंने आपको जाने कैसे दिया ?

मां : उन्हें मालूम भी नहीं है…हम किस तरह वहां से निकल आए…

विशा : पर निकले किस तरह ?

पिताजी : हम मराठा हैं, विशा ! हम कब कहां से कैसे भी निकल सकते हैं…[हंसने लगते हैं]

मां : अरे विशा, शरद कहां गया ?

विशा : ये क्या खड़ा है !

मां : शरद, अरे क्या कह रहा था, गुडमार्निंग कहते हैं ? आज सुबह जिसको गुडमार्निंग कहा, वह कल ही मर चुका था…

पिताजी : अपना भाग्य—अरे, एक को मैंने पूछा, आप यहां कब

आए ? वह बोला हो नहीं—इसलिए मैंने उसे सिर्फ हाथ से हिलाया···तो वह धड्ड से पुतले की तरह नीचे आ गिरा···कौन जाने···कब मरा था।

मां : मर जाएं···मृत्यु जल्दी आए, ऐसा लगता है···परन्तु ऐसी मृत्यु का डर लगता है रे ! आंखों के सामने लोग मर रहे थे···! एक पल भी हम वहां रुके होते···तो डरकर हम भी मर गये होते !

लीला : फिर अब आप यहीं रहेंगे ? [उसके चेहरे पर आतंक]

पिताजी : राघव करमरकर, आपका क्या विचार है ?

राघव : मैं आपको लेने ही आया हूं पिताजी !

पिताजी : कब···कब ले जायेगा ? कल···परसों ?

राघव : अभी···इसी क्षण···आपका कुछ सामान है ?

पिताजी : वे दो ट्रंक—

मां : और गद्दियां—

राघव : गद्दियां रहने दीजिए [वह भीतर जाकर दो ट्रंक उठाकर हॉल में लाकर रखता है और] पिताजी, आप रुकिए। अभी टैक्सी लाता हूं –

मां : कल गए तो नहीं चलेगा ?

पिताजी : क्यों ?

मां : आज अमावस्या है···

पिताजी : तुम्हें पंचांग कहां मिल गया ? और पेटिट होम से निकलते समय अमावस्या नहीं थी ?

मां : हम अपने घर आ रहे थे··

पिताजी : अब भी हम अपने ही घर जा रहे हैं विशा दीवाल की वह मेरी घड़ी उतार···[विशा स्टूल लेकर आता है···] और दादा जी का वह पॉकेट वॉच कहां गया ? सोने की जंजीर जाने दे। पॉकेट वॉच ढूंढ निकालो,

कहां है वह ! राघवा···

राघव : अभी टैक्सी लेकर आया, पिताजी ! रुकिए मां !

पिताजी : पिताजी ! ··कुछ अलग पुकार लगी ! [राघव मुड़े इतने में—] रुको, जरा इधर आ, बेटे ! तेरे टैक्सी लाने तक मेरे प्राण निकल गये, तो मन की बात मन में ही रह जायेगी···जरा पास आ···[वह आता है—दोनों थर-थराते हाथों से उसका चेहरा थामते हैं···उसकी आंखों में कुछ खोजते हैं। भर्रायी आवाज में—] बहुत···बहुत दिनों बाद—पिताजी पुकारने की एक अलग आवाज सुनाई दी ! राघव बेटे, माता-पिता ये दो अक्षर निरर्थक··· निरुपयोगी शब्दों को तूने आज महासागर-सा अर्थ दे दिया···ईश्वर तेरा कल्याण करे ! कोटि-कोटि कल्याण करे !

[थरथराते हुए, उसके माथे का चुम्बन लेते हैं और परदा गिरता है।]

॥ पहला अंक समाप्त ॥

दूसरा अंक

[सुबह का समय। मध्यम वर्ग की बस्ती में प्राध्यापक दम्पत्ति के स्तर का तलमंजिला पर तीन-चार कमरों का एक ब्लॉक। हॉल। सामान्य स्वरूप का फर्नीचर, टी० वी०, फोन आदि। पुस्तकों का शेल्फ। हॉल से एक दरवाजा रसोई की ओर। दूसरा दरवाजा दूसरे कमरे की ओर। हॉल से लगकर सामने ही एक कम चौड़ी बाल्कनी है। वहां एक स्टूल रखा दिखाई देता है। एक ओर दो खूटियां हैं। उस पर पिताजी का कोट झूल रहा है। एक आरामकुर्सी है। दो छोटे स्टूल हैं। परदा ऊपर जाता है, तब घरेलू पोषाक में पिताजी शांति-पूर्ण टहल रहे हैं। टहलते-टहलते—]

पिताजी : [अपनी हथेलियां देखते] 'कराग्रे व सति लक्ष्मी। करमध्य सरस्वती। करमुलेश्च गोविंदा। प्रभाते करदर्शनम्।'

[ये चलता है और राघव आता है। उसके हाथों में एक छोटा सा एल्बम है।]

राघव : [आते-आते] यह हमेशा कहते हैं ? [कोच पर बैठता है]

पिताज़ी : नहीं ! आज ही याद आया—[एक कोट की जेब में कुछ ढूंढ़ते हैं। राघव एल्बम में फोटो देखता है। तभी इरावती आती है। वह सुबह का भोजन तैयार करने की जल्दी में। साड़ी खोंसी हुई है। पिताजी जेब में कुछ खोज रहे हैं। यह देखकर···]

इरावती : पिताजी

पिताजी : [अचानक मुड़कर] लीला—ओ···इरावती···कुछ कहा ?

इरावती : पिताजी आपको कुछ चाहिए ?

पिताजी : [चौंककर] क्या ?

इरावती : कुछ खोज रहे हैं ?

पिताजी : [चौंककर] अं···हां···हां !

इरावती : क्या चाहिए ?

पिताजी : वही भूल गया ! रहने दे !

राघव : [ध्यान जाता है—] पिताजी—

पिताजी : ओ···

राघव : यहां आइए, बैठिए। आपको फोटो दिखाता हूं।
[आकर राघव के पास बैठते हैं ।]

इरावती : [खूंटी पर टंगे दो कोट उतारकर] पिताजी, ये कोट भीतर रखती हूं···ठीक है न ?

पिताजी : [भीतर रखना वे नहीं चाहते···] हां···हां···ठीक है। वाहर अच्छा नहीं लगता। [इरावती दोनों कोट भीतर ले जाते समय जेब में हाथ डालती है और हंसती है ।]

पिताजी : संभाल। कभी-कभी चूहे का पिल्ला भी भीतर रहता है···

इरावती : [लॉटरी के टिकट का पुट्ठल दिखाते हुए] कितने लॉटरी के पुराने टिकट हैं देखिए—

राघव : [हंसते हुए] हमेशा लॉटरी के टिकट खरीदते हैं? रोज ?

पिताजी : लाख के ऊपर ! पंद्रह-बीस हजार में इंटरेस्ट नहीं ! लाख-दो लाख लगे तो पाडलोस में दादाजी के नाम पर स्कूल बनाने का विचार है—[इरावती भीतर जाते-

जाते—] रुक्मिणीबाई क्या कर रही है ?

इरावती : फल्लियां छील रही हैं…

पिताजी : उसे थोड़ा चलने के लिए कहो ! नहीं तो हमेशा लंगड़ाती रहेगी।

इरावती : हां…हां [भीतर जाती है]

राघव : [एल्बम दिखाते हुए] यह मैं हूं ! एक महीने का…ये माई गाडगिल। इन्होंने मेरी परवरिश की। क्योंकि, पन्द्रह दिन का जब था, तब मां चल बसी…और बाबू जी भाग गए…

पिताजी : [कुछ याद करते हुए] रुको हं !…[उठकर भीतर जाते हैं]

राघव : आपको कुछ चाहिए क्या ?

[वे कुछ न बोलते हुए भीतर जाते हैं राघव एल्बम उसी तरह पकड़कर दरवाजे की ओर देखता रहता है। इतने में पिताजी दोनों कोट झुलाते हुए आते हैं और पहली जगह खूंटी पर टांग देते हैं। यह देखकर राघव पान हिलाता मजाक में हंसता है और इरावती को पुकारता है]

राघव : इरा…

[इरावती दरवाजे पर आती है। वह उसे इशारे में ही बताता है। दोनों खूब हंसते हैं। पिताजी को पता ही नहीं चलता। वे कोट टांगकर जेबें तलाशते हैं। इरावती हंसती हुई भीतर जाती है। पिताजी की जेब में रुपया, दो रुपया इस तरह दस रुपये मिलते हैं।]

पिताजी : [चौंककर] अरे…राघव, जेब में, गलती से किसी के पैसे आ गये हैं…

राघव : गलती से नहीं ! इरावती ने रखे होंगे…

पिताजी : क्यों ?

राघव : जेब खर्च के लिए…

पिताजी : [अकचकाकर] नहीं···नहीं ! ये ठीक नहीं और मेरा जेब खर्च क्या होगा ?

राघव : रहने दीजिए, पिताजी !

पिताजी : अच्छा ! [पैसे कोट की जेब में रखते हैं ।]

राघव : आइए···फोटो देखिए···

[आते-आते फिर मुड़ते हैं । जेब से दो रुपये का नोट लाते हैं और वह राघव को देने लगते हैं ।]

राघव : क्यों ? [राघव को हंसी आती है]

पिताजी : शाम को आते समय मंजू की ठेलिया से—मंजू दूर तो नहीं पड़ेगा ? टैक्सी से गया तो पास पड़ेगा—किसी तरह···दो पुड़िया ला···एक पुड़िया में दो बटाटाबड़ा आते हैं···एक तुम्हें···एक इरावती के लिए···एक तुम्हारी मां के लिए और दो मेरे लिए !

राघव : [हंसते हुए] ये तो पांच हो गए !

पिताजी : पांच हो गए ? क्योंकि मुझे तो दो ही चाहिए···एक खाते ही तुम्हारी मां कोई बात निकालकर मुझे चिढ़ायेगी···चिढ़ने पर मुझे भूख लगती है, फिर एक और बड़ा खाना पड़ता है ।···ये ले···[पैसे देते हैं]

राघव : [पैसे नहीं लेता] आप ही इसे रखिए । मैं अपने पैसों से लाता हूं ।

पिताजी : नहीं···नहीं ! मेरे पैसों से ही लाना चाहिए—[दो रुपये उसके हाथ में ठूंसते हैं और] और एक बात याद रखो ! ऐसे बड़े रोज नहीं खाना चाहिए···गंदी आदत है ।···मंजू यानी आइडियल बुक कम्पनी की गली में !

राघव : [हंसता है] समझ गया ! [फोटो दिखाता है] यह मेरे जन्मदिन का—पहला जन्मदिन !

पिताजी : तुम्हारी मां का ?

राघव : उसका कहीं नहीं है !

पिताजी : और तुम्हारे बाबूजी का ?

राघव : उनका भी नहीं है। जब कभी यहां आते हैं, तब भी वे बात नहीं करते। उस स्टूल पर बैठे रहते हैं।

[बालकनी के स्टूल की तरफ संकेत करता है]

पिताजी : फिर शादी नहीं की ?

राघव : नहीं !···मेरी शादी के बाद···एक बार बोले, शादी करनी है···

पिताजी : फिर ?

राघव : मैं हंसा···मुझे नहीं हंसना चाहिए था···फिर भाग गए···तो लौटकर नहीं आए।

पिताजी : स्कूल की किसी लड़की से प्रेम कौरे था ?

राघव : मालूम नहीं। पर नहीं होगा ? क्यों ?

[पिताजी बिना बोले उठते हैं और भीतर जाते हैं। इतने में फोन बजता है। राघव फोन उठाता है। इतने में फोन की आवाज सुनकर इरावती भी बाहर आती है।]

राघव : हलो ! हां···हां ! मैं जाने वाला हूं···रुकिए···मैं पूछता हूं [फोन पर हाथ रखकर इरावती से—] तुम जा रही हो ?

इरावती : कॉन्फरंस को न ? कैसी आऊं ? यहां इनके लिए मुझे रुकना पड़ेगा···आप ही जाइए···

राघव : [फोन पर] नहीं ! वह नहीं आएगी। हां···हां···मैं आऊंगा···सिर्फ दिल्ली का रिजर्वेशन करवा दीजिए ···हां···हां···थैंक्स ! [फोन रखता है। फोन पर अन्तिम वाक्य बोलते समय इरावती भीतर जाती है और पिताजी कागज का एक पुलिंदा लेकर आते हैं।] '

पिताजी : [राघव को] इधर आ···तुम्हें दिखाता हूं ! [पुलिंदे में से एक पुराना फोटो दिखाते हैं] ये दाजी—मेरे पिताजी !

राघव : आप इकलौते ?

पिताजी : हां। दाजी भी मेरे इकलौते पिता ? [राघव मज़ाक में हंसता है] ये देख—ये देखो उनके जाकिट की जंजीर—सोने की जंजीर झूल रही है · इस जेब में उनका पॉकेट वॉच रहता था ! उन्होंने कहां से लाया था, भगवान जाने ! सोने का केस था···पहले विश्व युद्ध में फौज में भर्ती हुए थे, इसलिए कलेक्टर ने···ब्रिटिश कलेक्टर ने—पांच एकड़ जमीन ईनाम में दी···इस लिए हम ईनामदार···नहीं तो हमारा पहला नाम पाडलोसकर ! ये ईनाम गिरवी चला गया था···

राघव : क्यों···गिरवी क्यों ?

पिताजी : ये हमारे कोंकणी लोगों का ऐसा ही है ! कुछ-न-कुछ गिरवी रखे बिना हमारा चलता ही नहीं ! उसे छुड़ाने के लिए उन्होंने उस जमाने में मुझसे दो हज़ार रुपये मांगे। [गला भर आता है] मैं नहीं भेज सका। मेरे पास थे ही नहीं···मैंने दुकान में जो पांच सौ रुपये लगाये थे, वे रायकर से उधार लेकर !···इतने में दाजी नाराज़ हो गए···मेरा नाम लेना पसन्द न करते···मैंने उनका नाम लेना छोड़ दिया···हम कोंकणी लोग तुनक-मिजाजी ! आगे क्या हुआ, पता नहीं ! कोई कहता, घर पर कुर्की आई थी। दाजी ने कुएं में कूदकर आत्महत्या कर ली [भौंहें तन जाती हैं] मैं तुम्हें और दो रुपये देता हूं—इसे [फोटो को] फ्रेम कर लाओगे ? कमरे में लगाऊंगा !

राघव : दीजिए ! [फोटो लेता है] अभी तक बाबूराव जोशी

नहीं आए—

पिताजी : [उसका हाथ पकड़कर] वह यहां रोज आता है ?

राघव : उनका अपना कोई नहीं ! अकेले हैं।

पिताजी : क्यों ?

राघव : स्वतन्त्रता संग्राम सैनिक। कई साल जेल में निकल गए !

पिताजी : पर सुखी हैं ! प्रसन्न रहते हैं।

राघव : [उठते हुए] जो हंसते हैं, वे सुखी रहते ही हैं, ऐसा नहीं है पिताजी !

[पिताजी उसकी ओर सिर्फ देखते रहते हैं। इतने में इरावती आती है।]

इरावती : राघव, आप खाने के लिए आ रहे हैं न ?

राघव : हां—

इरावती : पिताजी, आप—

पिताजी : आता हूं—

इरावती : आप बाद में बैठिए, मां के साथ। अभी दस बज रहे हैं···हमें कॉलेज जाना है, इसलिए हम जल्दी खा रहे हैं !

पिताजी : हां···हां !

इरावती : बाबूराव भी भोजन में साथ होंगे। आज बाबूराव को क्यों देर हो रही है ? [बेल बजती है]

राघव : सौ साल उम्र है ! [दरवाजा खोलता है। बाबूराव जोशी आते हैं। सड़सठ के आसपास उम्र। स्वास्थ्य सामान्य। पायजामा-कमीज-सफेद। सीने पर दो जेब, भरे हुए। सिर पर गांधी टोपी।]

राघव : सौ साल उम्र है। [बाबूराव सिर्फ हंसते हैं। राघव मुड़कर पिताजी से] सुनाई नहीं दिया। कान में चिल्लाये

बिना कुछ सुनाई नहीं देता।

बाबूराव : कुछ कहा ?

राघव : [चिल्लाकर कानों में] सौ साल उम्र है—

बाबूराव : अच्छा···अच्छा ! [जोर से हंसते हैं]

राघव : [कान में चिल्लाकर] अभी इरा कह रही थी, बाबूराव नहीं आए···

बाबूराव : अच्छा···अच्छा ! हां···हां । [जोर से हंसते हुए] आप अभी तक नहीं गए ?

राघव : [चिल्लाकर] मैं ग्यारह बजे जाता हूं।

बाबूराव : मालूम है। पर कुछ-न-कुछ पूछना चाहिए न, इसलिए पूछा। [सब हंसने लगते हैं।]

इरावती : उन्हें आज खाने के लिए कहिए—

राघव : [चिल्लाकर] इरा कह रही है, आज आप यहीं खाना खाइए।

बाबूराव : खाने के लिए ही आया हूं।

राघव : तब तक आप लोग गपशप कीजिए—

बाबूराव : गप्पें हांकें ? [हंसते हैं]

राघव : [हंसते हुए] गप्पें···गप्पें करें—[इरावती हंसती हुई भीतर जाती है।]

बाबूराव : ठीक है। [यूं ही जोर से हंसते हैं]

राघव : आपको पावरोटी चाहिए ?

बाबूराव : लाई है—[थैली से चार आने वाला पाव निकालकर दिखाते हैं]

राघव : [भीतर जाते-जाते पिताजी को] जैकपॉट है—

पिताजी : [न समझते हुए] जैकपॉट ?

राघव : [हंसते हुए] जैकपॉट !

पिताजी : सुनेगी—

[हाथ का अंगूठा दिखाते 'कुछ सुनाई नहीं देता' ऐसा दिखाता भीतर जाता है। इतने में इरावती मां को सहारा देती लाती है। मां के पैर का प्लास्टर निकाला है। वह लंगड़ाती आती है और पिताजी की दायीं ओर बैठना चाहती है···इतने में—]

बाबूराव : इधर बायीं ओर···वामा रुक्मिणी···[जोर से हंसते हैं]
[मां बायीं ओर बैठ जाती है। बाबूराव उसे देखते रहते हैं।]

पिताजी : [मां को—धीरे-से] तू अभी बाहर क्यों आई ?

मां : [चौंकते हुए] क्यों ?

पिताजी : तेरे आने पर वह तुझे निरन्तर कौवे की तरह घूरता है !

मां : [तंग आकर] चलिए, मैं भीतर जाती हूं।

पिताजी : [तंग आकर] अब बैठ, नहीं तो उसे शंका हो जाएगी।

बाबूराव : मुझे कुछ कहा ? [पिताजी की दायीं ओर बैठते हैं]

पिताजी : [चिल्लाकर] नहीं, हम आपस में बोल रहे हैं—[खांसते हैं]

बाबूराव : बोलिए—बोलिए। [हंसते हैं] कैसी हैं, रुक्मिणीबाई, तबियत कैसी है ? [हंसते हैं]

पिताजी : [उत्तेजित होकर] देख, तुमसे बातें करने की जल्दी···

मां : मैं भीतर जाऊं ?

पिताजी : [बाबूराव को] आप किस-किस जेल में थे ? [खांसते हैं]

बाबूराव : कई जेलों में था···परन्तु मुख्य जेल अहमदनगर की थी···वहां पंडित नेहरू···शंकरराव देव···मैं···

पिताजी : वहां क्या करते थे ?

बाबूराव : मैं ?

पिताजी : नहीं नेहरू, देव—

बाबूराव : फुटबॉल खेलते—

पिताजी : आप भी ? [खांसते हैं]

बाबूराब : नहीं ! फुटबॉल दूर जाने पर मैं लाकर देता—

मां : [तंग आकर] क्यों खांसते हैं—और चिल्लाते हैं ?

पिताजी : मैं उनसे नहीं बोला, तो वे तुमसे बोलेंगे—

मां : [हंसती है] आप मुझसे बातें कीजिए—

पिताजी : आज खाने में क्या है ?

मां : भात···दाल···मैंने पकाया है ! आलू की झोलदार साग ! विशा को बहुत पसन्द है···और लौकी की साग !

बाबूराव : लौकी की साग, वाह !

मां : [चौंककर] इसे सुनाई देता है कि क्या···?

पिताजी : [बाबूराव] से आपको सुनाई दिया ?

बाबूराव : क्या ?

पिताजी : लौकी की साग है, यह ?

बाबूराव : मुझे लौकी की साग पसन्द है, यह वता रहा था। [हंसते हैं]

पिताजी : [मां से] उसे सुनाई नहीं देता। पूरा बहरा है। [दोनों की ओर देखते हुए] पर वह···देख तेरी ओर कैसा देख रहा है ··[मां बाबूराव की ओर तपाक् से देखती है···और स्वयं से हंसती है।]

बाबूराव : [मां से] हंसते क्यों हैं ? [वह गर्दन नीची कर खूब हंसती है]

पिताजी : [चक्कर खाते हैं] हंसो मत। उसे प्रोत्साहन मिलता है। स्टॉप इट ! [वह मुंह पर आंचल रखकर चुप बैठती है। इतने में कॉलेज जाने के लिए तैयार होकर राघव और इरावती आते हैं। इरावती टेबल पर पुस्तकें देखती है··· कौन-सी ली जाए···इतने में—]

राघव : पिताजी आप यहां पिछले महीने आते तो अच्छा होता—

पिताजी : क्यों ?

राघव : हमने पिछले महीने यहां बाबूराव का सड़सठवां जन्मदिन धूमधाम से मनाया। [बाबूराव के कान में] आपका जन्मदिन।

बाबूराव : वाह ! खूब मजा आया, विट्ठलराव—रुक्मिणी का जन्मदिन कब है ?

पिताजी : मत बताओ—

राघव : सच ! इरा हम मां का जन्मदिन धूमधाम से मनाएंगे।

इरावती : मनाएंगे ही।

राघव : कब है ?

इरावती : अगले महीने—बीस तारीख को—

पिताजी : उसे पता नहीं चला !

राघव : [हंसता है—और—] मैं दिल्ली रहूंगा—पर एक दिन पहले आ जाऊंगा—

इरावती : बांदेकर को वापसी की तारीख ठीक से दीजिए—

पिताजी : तुम दिल्ली जाओगे, तब एक काम करोगे ?

राघव : क्या ?

मां : [उलाहना देते] बस्स !

पिताजी : [चिढ़कर] क्या बस ?

मां : ['फा' पर जोर देते हुए] आपकी वह शरदिनी 'फा' तर्फेकर—आ गई···

पिताजी : [चिढ़कर] आने दे। [उठकर उसे बताते हैं] मैं तुम्हें पता दूंगा—करोलबाग···उसे मिलना···और उससे 'शरदिनी' की एक प्रति लाना···उसके हस्ताक्षर भी उस पर लेना···उसे खुशी होगी···उसने मुझे एक प्रति दी

थी ··ऊपर लिखा था···विध लव्ह टू···व्ही० व्ही० ईनामदार···शरदिनी फातर्फेकर···कहीं गुम हो गई ···घर बदलने पर विशा ने गुमा दी—

राघव : आपकी मित्र है? [पिताजी चौंककर मां की ओर देखते हैं। वे उन्हीं की ओर देख रही हैं।]

पिताजी : [धीमी आवाज में] हमारे सम्बन्ध बड़े मजेदार थे··· हमारे···[अचानक शर्म से हंसते हैं। उस समय बाबूराव भी आदत के अनुसार बिना कारण हंसते हैं। पिताजी उन्हें मुड़कर देखते हैं···और [illegible]व को कोने में ले जाकर—] मतलब वह बहुत बिदुषी महिला थी···आगे फ्रेंच सीखी उसने···फॉरेन सर्विस में गई···सिर्फ उसे मिलना···

राघव : [जल्दी में···] ओ० के०! नो प्रोब्लम! मैं चलता हूं··· [मां से] मां बीस तारीख को धूमधाम···[मां हंसती है]

इरावती : उन लोगों को बुलाएंगे—

मां : पहले बताना होगा, तभी पंचगनी से रंगा आयेगा···

राघव : निश्चित—

इरावती : तुम स्कूटर निकालो···मैं आई···

राघव : मां···पिताजी···आता हूं···[जाता है]

पिताजी : इरावती, अभी तूने बांदेकर का उल्लेख किया, वे कौन हैं?

इरावती : हमारे कॉलेज में क्लर्क है—

पिताजी : कृष्णा विनायक बांदेकर में से कोई नहीं न?

इरावती : [विचलित होकर] ये कौन हैं?

पिताजी : ये पहले गवर्नर के बंगले पर ऑफिस सेक्रेटरी थे— बंगले की घड़ियां रिपेअर करने के लिए मैं जाया करता था···गवर्नर रॉजरे लंबले—

मां : [दोनों हाथों से उन्हें रुकने का इशारा करते हुए] ओक्के—ओक्के !

पिताजी : [अचानक चिढ़कर] तुम्हें बीच-बीच में नाक घुसाने की ज़रूरत नहीं है। [इरावती हंसती है। मां आंचल के भीतर से बिस्कुट की पुड़िया निकालकर आगे सरकाती है]

मां : [इरावती को] चिढ़ने पर उन्हें भूख लगती है। [स्वयं हंसती है]

इरावती : मां···पिताजी, मैं चलती हूं··· [हंसकर निकल जाती है]

मां : दूसरे लोग काम के होते हैं···बेकार की बातों में उनका समय खराब नहीं करना चाहिए !

पिताजी : [चिढ़कर] मैं करूंगा !

मां : लीजिए !

पिताजी : बिस्किट दो--

मां : वह देखेगा—

पिताजी : उसे सुनाई नहीं देता—

मां : देखेगा—

बाबूराव : मैं जाता हूं—

पिताजी : कहां ?

बाबूराव : बाल्कनी में—कौओं को पाव खिलाता हूं···

पिताजी : [आश्चर्य] से कौओं को ? क्यों ?

बाबूराव : समय अच्छा बीतता है !

पिताजी : कौओं का ?

बाबूराव : नहीं ! मेरा···

[थैली से पाव निकालते हैं और बाल्कनी में जाते हैं। स्टूल पर बैठते हैं। पाव के छोटे-छोटे टुकड़े कर धीरे-धीरे फेंकते हैं। कौवे की कुछ-कुछ कांव-कांव की आवाज आती है]

[इतने में खुले दरवाजे से विशा आता है। उसकी बगल में

दीवाल घड़ी है।]

मां : विशा आया—[अचानक उठ खड़ी होती है और अपना पैर घसीटते उस तक जाती है।]

पिताजी : कौन ? [बाल्कनी की ओर जाकर कौओं को देखते हैं।]

मां : अपना विशा ! शरद का फोन आया था ?

विशा : हां !

मां : अच्छा है न वह···?

विशा : हां !

मां : और बानू ?

विशा : अच्छी है !

मां : मीना आई है ?

विशा : कल आई···[उपहास से] लीला की और रंग्या की पूछताछ नहीं की ?

मां : [हंसते हुए] कर रही हूं···लीला से कहना एक बार यहां मिल ले···

विशा : कैसे हैं, ये लोग ?

मां : बहुत अच्छे हैं···

विशा : हमसे भी ज्यादा ? [वह लाड़ में उसके गाल पर चपत लगाती है।]

मां : यहां सिर्फ एक कमी है—इन दोनों के बच्चा नहीं है !

विशा : यहां तुम लोगों को मछली नहीं मिलती होगी ?

मां : किसे चाहिए रे ! अब हमें इच्छा है क्या ? जीने के लिए खाना अलग बात है···और मरने से पहले खाना अलग। कसाईखाने की ओर जाने वाली गाएं भी रास्ते में कुछ-न-कुछ खाती ही हैं न ? [वह उसकी ओर देखती है। वह नजरें चुराता है।]

विशा : पिताजी एक ही बात बार-बार कहकर राघव को

परेशान करते होंगे…

मां : [हंसते हुए] ये वही बात बार-बार कहते हैं…परन्तु राघव परेशान नहीं होता…अरे, अगले महीने मेरा जन्म-दिन मनाने वाले हैं।

विशा : बीस तारीख को न ?

मां : [खुशी से] भाग्य मेरा…! उस समय तुम लोग आना …वे तुम लोगों को बुलाने वाले हैं…खासतौर पर रंग्या को लाना…उसे देखने की बड़ी इच्छा है…अब मुझे मेरा कोई भरोसा नहीं…

विशा : जान-बूझकर वहां खड़े हैं—

मां : रहने दे…ये देख…तू खाना खाकर जाना…भोजन तैयार है…आलू की झोलदार साग…वह पका रही थी, तभी मुझे तुम्हारी याद आई—खाकर जाना—

विशा : नहीं मां…नीचे टैक्सी खड़ी है—

मां : [विह्वल होकर] साग के साथ एक चपाती तो खाता जा !

विशा : नहीं…मैं चलता हूं…मैं घड़ी देने आया था—

मां : ठीक हो गई है ?

विशा : नहीं। उसके पार्ट्स खराब हो गए हैं…

मां : अरे, पिछले साल इन्होंने उसे खोला था…तो दो दिन तक कचरे में क्या-क्या मिल रहा था…रहने दे ! क्या करना है ?…मैं तेरे लिए शरबत लाती हूं…[जाते-जाते] कुछ बोलें तो उल्टा जवाब मत देना ! तुम पर चिढ़ते हैं, पर शरद से डरकर रहते हैं · [जल्दी में पैर खींचते भीतर जाती है।]

विशा : पिताजी—[पिताजी मुड़कर देखते हैं और पास आते हैं] पिताजी यह घड़ी अब ठीक होने वाली नहीं है—[वह

घड़ी खड़ी करके कहता है।]

पिताजी : कौन कहता है ?

विशा : मैंने खोलकर देखा है—

पिताजी : तुम्हें इसमें क्या मालूम ? तू इसे पावसकर को दिखा …पावसकर को मैंने कारीगर बनाया है—

विशा : पिताजी पावसकर भी यही कह रहे थे—

पिताजी : क्या ?

विशा : यह घड़ी ठीक नहीं हो सकती।

पिताजी : [चिढ़कर] लात मारो उसके—मरम्मत नहीं हो सकती…क्या मतलब है ?

विशा : उसके कई पार्ट्स गायब हैं…उसमें ग्रेट व्हील नहीं है…स्ट्रायकिंग ऑपरेटिंग व्हील नहीं है—लॅटर्न पिनियन के तार नहीं हैं ?

पिताजी : कौन कहता है ?

विशा : [चिढ़कर] मैं कहता हूं…आप मां से पूछिए।

पिताजी : घड़ी का उसे क्या मालूम ?

विशा : पिछले साल आपने बेकार में उसे खोला…उसके कुछ व्हील गिर पड़े…मां उन्हें कचरे में बुहार रही थी…

पिताजी : ये देख विशा, मुझे सब मालूम है…मुझे दूधमुंहा मत समझ ! तुम सबका गुस्सा मुझ पर है…तुम्हें लगता है मैंने तुम्हें आगे नहीं पढ़ाया…शरद को लगता है मैंने उसे दुकान नहीं दी। क्या नहीं दिया, यह तुम लोगों ने याद रखा…डसने के लिए ! परन्तु, क्या दिया, यह तुम लोग नहीं देख पाते ! शायद तुम लोगों को जितना चाहिए था, उतना मैं नहीं दे सका …परन्तु, पेट काटकर जितना संभव था, उतना मैंने दिया—आने वाले कल में तुम लोगों को देना था,

इसलिए आज दाजी को नहीं दिया···उनका जन्म का बैरी हो गया···मुझ पर अविश्वास दिखाकर, उन्होंने अपनी अंतिम क्रिया के लिए सौ रुपये रख छोड़े। [बांह से आंखें पोंछते हुए] आज हम कहां हैं ?

विशा : कहां हैं ? इसके लिए आप ही जिम्मेदार हैं। लीला गलत नहीं कहती—

पिताजी : क्या कहती है ?

विशा : तुम्हारे मां-बाप मेरे कौन···?

पिताजी : [चिढ़कर] तुम्हारे मां-बाप राघव के कौन ? इरावती के कौन ? बोलो—

मां : [शरबत का गिलास लेकर बाहर आती है] आप बेकार में मत चिल्लाएं—

पिताजी : जहां हो वहीं खड़ी रहो—

मां : रुकती हूं, सारी ज़िन्दगी यही तो किया।

पिताजी : शरद कहता है, बच्चों के लिए कुछ किया तो वह इन्वेस्टमेंट नहीं है क्या ? क्यों नहीं ? दुकान की इन्वेस्टमेंट तुमको चाहिए, पेट काटकर उसे पढ़ाया ये इन्वेस्टमेंट उसे चाहिए और हम दीन-हीन हो जाने के बाद, तुम लोग कहो कि हमारी ओर इन्वेस्टमेंट के रूप में मत देखिए ! हरामखोर—कृतघ्न हो तुम लोग···कृतघ्न ! [विशा अचानक जाने लगता है।]

मां : विशा···विशा··· [पुकारती है। वह निकल जाता है। अंधेरा उतरता है···कांव··कांव की आवाज आती है··· बाबूराव निर्विकार भाव से पावरोटी के टुकड़े डालते हैं।]

प्रवेश-2

[कुछ दिनों बाद। वही स्थान। शाम का समय। बाल्कनी में रंगीन बारीक बल्ब के तोरण लटक रहे हैं। बाल्कनी के नीचे खुली जगह में काफी प्रकाश दिखाई देता है। वहीं मां का जन्म-दिन मनाया जा रहा है। फूलों का एक शोभायमान गुच्छा है। इस समय हॉल में कोई नहीं है। परन्तु बाहर खुली जगहमें कुछ हलचल है। बच्चों और बड़ों का कोलाहल। कोलाहल बीच में ही कम होता है और ज़ोर से कुछ संवाद सुनाई पड़ते हैं—उदाहरण 'अरे रंग्या, इधर आ—दादी बुला रही है···' या बाबू दादी के साथ फोटो के लिए खड़ी रह···।']

इरावती : [जल्दी में भीतर से हॉल में आती है···पुकारती है···] अरी, मीना ताई···[हाथों में गिलास का ट्रे।]

लीला : [बाल्कनी से आते हुए] मीना क्यों चाहिए? देखा न, किस तरह सजकर आई है, कोई भी समझेगा, उसी का जन्म-दिन है···।

इरावती : [हंसती है] ये गिलास मीना ताई को दीजिए···और कहिए उसमें शरवत भरें। [ट्रे देती है]

लीला : शरबत बाहर है? [गिलास का ट्रे लेती है]

इरावती : मैं अभी लाई···[जल्दी-जल्दी में भीतर जाती है। लीला गिलास लेकर भीतर आती है। इतने में शरबत का जग लेकर इरावती भीतर से हॉल में आती है]

बाबूराव : मुझे दो···।

इरावती : आप ज्यादा भाग-दौड़ मत करें, बाबूराव! [उनके मुड़ते-मुड़ते] राघव अभी तक नहीं आये···

बाबूराव : [सुनने की कोशिश करते हुए] मुझसे कुछ कहा?

इरावती : [जोर से चिल्लाकर] मैंने कहा, राघव अभी तक नहीं

आया…कल ही आने वाले थे…।

बाबूराव : [हंसते हैं] यह तो दिल्ली की खूबी है ! वहां रहने की इच्छा बढ़ती जाती है—[बाहर जाने के लिए निकलते हैं तभी…] बुढ़ापा दूसरा बचपन है; यह गलत नहीं… [हसते हैं]

इरावती : क्या हुआ ?

बाबूराव : विट्ठलराव के गले में है, वह कैमरा आपका ही है न ? [वह सिर हिलाकर हां कहती है—] वह उनसे ले लो ! एक भी फोटो ठीक से नहीं निकलेगा ! वे उस छेद से देखने से पहले ही बटन दबा देते हैं…

इरावती : [मज़ाक में हंसते हुए] आप लीजिए अपने पास…

बाबूराव : सिर्फ लीजिए का क्या मतलब ? देते नहीं हैं…मैंने पंडित नेहरू से लेकर कई लोगों के फोटो निकाले है… [इतने में बाहर से पिताजी आते दिखाई देते हैं। वे धीरे-धीरे आ रहे हैं। उन्होंने शर्ट, पैंट में खोंस रखी है। गले में टाई और सिर पर हैट पहन रखी है। पेशेवर फोटोग्राफर की तरह उन्होंने कैमरा गले में डाल रखा है। वे हॉल में आते हैं।]

इरावती : पिताजी, कुछ फोटो मैं खीचूँ ?

पिताजी : तुम्हारे पास दूसरा कैमरा है ?

इरावती : नहीं, एक ही है—

पिताजी : फिर नहीं ! मैं ही खीचूंगा !

बाबूराव : विट्ठलराव, मुझे दीजिए ! मैं फर्स्टक्लास फोटो खीचूंगा… [उनके गले से कैमरा लेने की कोशिश करते हैं। परन्तु पिताजी छोटे बच्चे की तरह कैमरे को हाथ नहीं लगाने देते…]

पिताजी : [उन्हें आदेश देते से] आप अपना काम कीजिए ! बच्चों

को शरबत दीजिए···गिलास धोकर रखिए ! अपना-अपना काम कीजिए···[बाबूराव जाने के लिए मुड़ते हैं। इतने में इरावती को···] नम्बर एक का कामचोर है !

[बाबूराव मुड़कर देखते हैं]

इरावती : [हंसते हुए] वे सुनेंगे, पिताजी !

पिताजी : उन्हें सुनाई नहीं देता, यह एक हिसाब से अच्छा ही है !···हम उनके सामने अपनी सही बात कह सकते हैं ! [इरावती मज़ाक में हंसती है] और दूसरी बात तुम्हें मालूम है ? इसको यदि कैमरा दिया तो वह सिर्फ रुक्मिणी के···तुम्हारी मां के आमने-सामने घूमेगा···फोटो निकालने के बहाने···होगा वह स्वतंत्रता सेनानी···पर वह स्ट्रेट आदमी नहीं लगता···! मेरी नज़र उस पर है···[इरावती को इस बूढ़े की बात में बड़ा मज़ा आता है, वह हंसती है] इरावती, इसका रोल खत्म हो गया है !

इरावती : [आश्चर्य से] इतनी जल्दी, पिताजी, रोल खत्म हुआ ?

पिताजी : आजकल के रोल इसी तरह हैं रे ! [कैमरा देते हुए] फटाफट खत्म हो जाते हैं--पहले के रोल···[कैमरा लेकर इरावती भीतर जाती है। वह जाते-जाते···]

ये बाबूराव आया तो उसे कैमरा मत देना···

[वह भीतर जाती है]

बाबूराव : [बाहर से आता है] अभी तक राघव नहीं आया···

पिताजी : [मज़ाक से कान पर हाथ रखते हुए] मुझे कुछ कहा, बाबूराव ?

बाबूराव : हां ! [जोर से] अभी तक राघव नहीं आया···

पिताजी : कल आने को कह गया था···

बाबूराव : शायद उसे आपकी शरदिनी फातर्फेकर ने रोक लिया

होगा—भोजन के लिए !

पिताजी : [खुशी से] मुझे भी यही लगता है—मेरा बेटा है, मालूम होने के बाद वह उसे भोजन के लिए रुकने के लिए कहेगी ही !

[इतने में इरावती आती है और कैमरा पिताजी के पास देती है। पिताजी खुन्नस से बाबूराव की ओर देखते हुए कैमरा गले में डालते हैं। बाहर जाने लगते हैं।]

बाबूराव : [जाते-जाते] मैं निकालूं फोटो ?

पिताजी : [जोर से चिल्लाते हुए] बिल्कुल नहीं !

[दोनों जाते हैं। इरावती हवाई अड्डे पर फोन करती है। इतने में बैग लेकर जल्दी-जल्दी में राघव आता दिखता है। उसके स्वागत के लिए बाहर अचानक लोग उमड़ पड़ते हैं।]

राघव : [बाल्कनी से उत्साह से हंसते हुए] आया·· आया···अभी आता हूं···बैठिए···बैठिए···

इरावती : तुम्हें इतनी देर क्यों हो गई ? [उसके बैग लेती है] अभी मैं एयरपोर्ट पर ही फोन कर रही थी।

राघव : [माथे पर हाथ मारते हुए] अरी, उस शरदिनी फातर्फेकर का पता ही न मिलता था···

इरावती : फ्रेंडशीप कॉलोनी, करोलबाग···

राघव : [बैठकर बूट निकालते हुए] घर पर ताला···

इरावती : फिर वह मिली ही नहीं ?

राघव : [दुःखी होकर] अरी, वह पिछले महीने ही मर गई ! आई एम सो सॉरी···

इरावती : [दुःखी होकर] अरे ··रे !

राघव : उसका एक चचेरा भाई मथुरा रोड़ पर रहता है··· वहां गया···उसने 'शरदिनी' पुस्तक की एक कॉपी दी। संयोग से उसके हस्ताक्षर भी उस पर हैं। पर

पिताजी को क्या बताएं ?

इरावती : वह गुजर गई, यह बात उन्हें बताइए ! उन्हें क्यों तकलीफ दें ?

राघव : मुझे भी वही लगा···इसीलिए वह पुस्तक मिलते ही मैंने उस पर 'विध लव्ह टू व्ही० व्ही० ईनामदार' ऐसा लिख डाला···इतने वर्षों बाद पिताजी उसके अक्षर नहीं पहचान पायेंगे···[इतने में पिताजी बाहर से आते हैं।]

पिताजी : [हंसते हुए] अरे, मिली क्या हमारी शरदिनी ?

राघव : मिली ! उसने आपके लिए पुस्तक दी है···

पिताजी : [उत्साह से] देखें···देखें···[खुश होते हैं]

राघव : मैं विमान में पुस्तक के पन्ने पलट रहा था···बहुत सुन्दर कविताएं हैं, उसकी···[बैग से पुस्तक निकालकर देते हैं]

पिताजी : [खुश होकर] करैक्ट ! यही वह पुस्तक है···[खोलकर देखते हुए···खुशी से हंसते हुए] विध लव्ह···टू···व्ही० व्ही 'ईनामदार···' उसके अक्षर इस उम्र में भी वैसे ही हैं···क्या कह रही थी ?

राघव : [यह सवाल टालने के लिए] मैं ज़रा बाहर सबसे मिल लेता हूं। [इरावती के साथ वह बाहर निकलता है। बाहर काफी कोलाहल है, इस कोलाहल को भूलकर पिताजी पुस्तक लेकर आरामकुर्सी में बैठ जाते हैं। पुस्तक की ओर···भीतर लिखे, 'विध लव्ह टू···' की ओर देखते रहते हैं। एक-दो बार उन्हें शरदिनी की आवाज में 'विध लव्ह टू व्ही० व्ही० ईनामदार' धीरे-धीरे सुनाई देता है। इतने में बाबूराव आते हैं।]

बाबूराव : आपकी शरदिनी मिली ? राघव को !

पिताजी : मिली ! [आनन्द से] उसने यह पुस्तक भेंट की है···

[पुस्तक देते हुए] पढ़िए···

बाबूराव : [पढ़ते हैं] 'विध लव्ह टू व्ही०व्ही० ईनामदार' [पिताजी संतुष्ट होकर हंसते हैं]

पिताजी : पीछे देखिए··· [पीछे उसका फोटो छपा है]

बाबूराव : [फोटो देखते हुए] वाह ! सुन्दर थी···

पिताजी : थी नहीं, है !

बाबूराव : अंत तक अन्मैरिड ? [पिताजी मंद, गुप्त हंसते हैं। बाबूराव पुस्तक लौटाते हैं । देते समय उनके गले का कैमरा निकालते हैं। अपने गले में डालते हैं।]

पिताजी : पुस्तक पढ़ते समय एक फोटो खींचिए—[पुस्तक पढ़ते समय का एक पोज देते हैं। बाबूराव फ्लैश कर पिताजी का फोटो खींचते हैं।] इस फोटो की मुझे दो कॉपी दीजिए। ···एक मेरे लिए···और एक उसे भेजूंगा—शरदिनी को···! [वे पुस्तक के पन्ने पलटते हैं। इतने में इरावती दौड़ती हुई आती है···]

इरावती : [गैलरी से] पिताजी आप वहां क्या कर रहे हैं···मां इधर केक काट रही हैं···जल्दी आइए···

[वे पुस्तक एक ओर रखते हैं। वह उन्हें सहारा देकर बाहर ले जाती है। बाहर खुशियां मनायी जा रही हैं। मां ने केक काटा, इसलिए तालियों की आवाज। फोटो के फ्लैश। फिर 'हैप्पी वर्थ डे टू यू' के सामुदायिक गीत। हॉल के दीये मंद होते हैं। धीरे-धीरे इरावती, बाबूराव भीतर आते हैं। आते समय उपहार के रूप में आये पांच-छः बंडल टेबल पर रखते हैं। पीछे-पीछे मां-पिताजी आते हैं। मां, मुड़कर बाल्कनी से बच्चों को, नातियों को, बहुओं को विदा देती है।]

मां : रंग्या, पंचगणी कब जायेगा ?

रंग्या : [सिर्फ दूर से आवाज़] कल सुबह जाऊंगा, दादी !

मां : संभलकर, ठीक से रहना !···और बानू, तू कब वापस आयेगी ? [स्वयं से ही] बानू को इस दादी की कहां चिन्ता है !

[बाहर से 'आता हूं मां···आता हूं दादी' इस तरह की आवाज । मां और पिताजी गैलरी से टा टा करते हैं । 'टा टा' करते हुए लोगों के जाने की आवाज ।]

मां : [चौंककर, पीछे मुड़ते हुए] वे सब गये ?

पिताजी : [उसे खींचते हुए] क्या रहा अब ?

मां : सड़क पार करते हुए बायीं ओर देखने को कहना भूल गई···

पिताजी : वे अब दुधमुंहे बच्चे नहीं—स्कूल जाने वाले ! चलो—

[बाहर के दीये बुझते हैं । इतने में बाबूराव मंजे हुए फोटोग्राफर की तरह फोटो खींचने आगे आते हैं ।]

बाबूराव : वन् मिनिट, प्लीज···

मां : अब बाबूराव का क्या रह गया ?

बाबूराव : आपका एक आखिरी फोटो खींचता हूं···सिर्फ एक फिल्म बाकी है—

[मां-पिताजी एक-दूसरे से सटकर फोटो के लिए खड़े रहते हैं । बाबूराव कैमरे से देखते हैं···बाबूराव आगे आते हैं और मां की ठुड्डी को हाथ लगाकर कुछ तिरछा करते है । इतने में पिताजी बाबूराव के हाथ पर चपत लगाकर हाथ हटाने को कहते हैं । बाबूराव 'सॉरी' कहकर फोटो निकालते हैं ।]

पिताजी : देखा न ? बुड्ढा पक्का है ? तुम्हारे गाल को हाथ लगा रहा था···

बाबूराव : [कुछ चिढ़कर] मैं गाल को हाथ नहीं लगा रहा था ।

मां : [चौंककर] उन्हें सुनाई दिया लगता है ?

बाबूराव : मुझे पूरा सुनाई देता है···[मां और पिताजी एक-दूसरे को ऐसे देखते हैं, ज्यों उन्हें भूत दिखाई पड़ गया हो।]

पिताजी : क्या ? आपको सुनाई देता है ?

बाबूराव : बिल्कुल, अच्छी तरह ! [मां आंचल में मुंह छिपाकर हंसती है।]

पिताजी : [पुकारते हुए] राघव···इरावती···[वे बाहर आते हैं] अरे, इस बाबूराव को पूरा सुनाई देता है···इतने दिन उन्होंने बहरा होने का ढोंग किया था···

राघव : हां, बाबूराव ?

बाबूराव : हां राघव, मुझे पूरा सुनाई देता है।

राघव : फिर बाबूराव, आपने हमें क्यों फंसाया ?

बाबूराव : फंसाया नहीं, बनाया ! [हंसते हैं]

इरावती : ···लेकिन क्यों, बाबूराव ?

बाबूराव : बस यूं ही, एक मज़ाक !

इरावती : इसमें मज़ाक कैसा ?

बाबूराव : जो कुछ आप मेरे पीछे बोलते, मेरे सामने बोल गये !

राघव : आप वह सब कुछ सुन रहे थे।

बाबूराव : [हंसते हुए] सब ! मूर्ख···क्रॉकपॉट···खाने के लिए आ गये···रुक्मिणी की ओर एकटक देखता है···सब ! [हंसते हैं। सब जोर से हंसते हैं।] आता हूं···देर हो रही है···! [नमस्कार करते हैं]

राघव : कल ?

बाबूराव : आऊंगा ! [कुछ गंभीर] नहीं तो, कहां जाऊंगा ?

राघव : पर सुनाई···?

बाबूराव : देगा ! [उदास होकर] सुनाई देता है, बताकर गलती की···एक मज़ाक से हमेशा के लिए वंचित हो गया··· [जाते हैं]

पिताजी : [राघव से] शरदिनी ने क्या कहा ?

राघव : पिताजी, हम कल बात करेंगे···मैं अब सोता हूं—

मां : इरावती, तुम्हारे पापलेट का झोल बहुत अच्छा बना था···सच में···

इरावती : मैं, खासकर आप ही के लिए सीख रही हूं। फिश की प्रपरेशन्स !

राघव : बाबूराव ने एक बड़ा मज़ाक खत्म किया—चलिए ! मां, पिताजी, अब आप सोइए !

मां : थोड़ी देर यहीं बैठते हैं। आज मुझे जल्दी नींद नहीं आयेगी ! आनन्द के क्षणों में मेरा विमान बहुत-बहुत ऊपर उड़ा है !

पिताजी : उसकी ज़िन्दगी का यह बहुत बड़ी खुशी का क्षण है—इरावती !

इरावती : हमें भी बहुत खुशी हुई···सब लोग आए···अपनेपन से ! हम सोते हैं···!

मां : बस एक मिनट आओ···[राघव-इरावती आगे आते हैं। उनके चेहरे दोनों हथेलियों पर रखकर वह उनके माथे चूमती है।] जाओ सो जाओ ! [राघव और इरावती जाते हैं।]

पिताजी : प्रज़ेंट्स क्या आए···देखें क्या ?

मां : अभी नहीं। कल। राघव···इरावती के सामने देखेंगे—

पिताजी : [रुककर] मुझे तुम्हारी एक बात पसन्द नहीं आई—

मां : कौन-सी ? बाबूराव ने मेरी ठुड्डी को हाथ लगाया, वह बात ? [हंसती है]

पिताजी : वह नहीं ! [अलग आवाज में] पर, यह बूढ़ा बाबूराव तुम्हारे आगे-पीछे बहुत ज्यादा रहता है।···और कल से तो तुम्हें यह बताने की छूट भी नहीं है···उसे

सुनाई नहीं दे रहा था, तब तक बता सकते थे।

मां : पर पसंद क्या नहीं आया ?

पिताजी : तूने अपनी सोने की चूड़ियां निकालकर एक लीला को और एक मीना को दे दी···

मां : अब मुझे क्या करना है ? सिर्फ बोझ। गले की माला और मंगलसूत्र इरावती को दे दूंगी···मीना देख रही थी, मैं माला निकालकर उसे देती हूं क्या···

पिताजी : उनको कुछ भी नहीं देना था···

मां : कुछ भी हो, वे हमारे हैं···खून के रिश्ते···तोड़ने से टूटेंगे ? छोटा आज मुझे कितना आग्रह कर रहा था··

पिताजी : कौन ?

मां : शरद···आपका मिनट कांटा···घर चलने को कह रहा था—

पिताजी : उसे मालूम है···तू आने वाली नहीं है—

मां : रहने दीजिए···मुंह भरकर बुलाया तो सही···

पिताजी : मेरे पास भी मीठा-मीठा बोल रहा—मैंने कहा, इतना मीठा मत बोलो···जीभ में चींटियां भर आयेंगी !··· तब बगल में खिसक गया !

मां : [चिढ़कर] आपकी ऐसी बातों के कारण आपको कोई नहीं बुलाता—

पिताजी : मत बुलाने दो ! अंत में, कोई बुलाने वाला मिल ही गया न ? न रिश्ते का···न खून का···कितने मजे से रखा है उसने। यहां ऐसा तो नहीं लगता कि हमारा रहना किसी को अच्छा नहीं लगता। हम बेकार हैं, जबरदस्ती रह रहे हैं !···राघव ने तो आज मुझे चार-पांच टेलीफोन नम्बर दिये हैं···बता रहा था—

बूढ़ों का कोई उपयोग न भी रहा तो भी उनकी कद्र होती है, ऐसा उनको लगना चाहिए·· [जेब में कुछ ढूंढ़ने लगते हैं]

मां : क्या खोज रहे हैं ?

पिताजी : वे टेलीफोन नंबर कहां रखे हैं ?

मां : अब फोन कर रहे हैं ? रात हो गई है···

पिताजी : [ढूंढ़ते-ढूंढ़ते] राघव ने मेरे लिए लॉटरी के टिकट लाए हैं [टिकट पाकर वे खुश होते हैं।]

मां : [एकदम हंसती है] एक बात पूछना तो भूल ही गई···

पिताजी : क्या ?

मां : दिल्ली में आपकी वो महिला···मिली या नहीं ? शरदिनी फातर्फेकर···मुंई का क्या नाम है ?

पिताजी : [चिढ़ते हुए] ये देखो, यूं ही उसके नाम से मत जलो···

मां : मैं नहीं ज़लती···! पर कहा क्या उसने ?

पिताजी : वह मुझे कल बताने वाला है···

मां : सुनिए ! [वे उठते हैं और हॉल में 'शरदिनी' पुस्तक ढूंढ़ने लगते हैं] क्या ढूंढ रहे हैं ?

पिताजी : मैंने उसकी दी पुस्तक कहां रख दी ?

मां : मिलेगी ! कल देखिए···पहले यहां आइए—[वे आते हैं] पारिजात की बेल के नीचे विशा आपसे क्या कह रहा था ?

पिताजी : कब ?

मां : मेरे केक काटने के बाद ?

पिताजी : हां···हां ! कह रहा था···पिताजी मुझे शर्म महसूस होती है···आप अधिकार से मेरे पास रहिए···यह घर आपका है। यह मैं खुलकर नहीं कह सका !

मां : [प्रसन्न होकर] विशा ने ऐसा कहा ? कि आप अपनी

ओर से ही बता रहे हैं ?

पिताजी : नहीं री, ऐसा ही बोला वह !

मां : आपने क्या कहा ?

पिताजी : मैंने कहा, बेटे, तू अपने आपको तकलीफ में मत डाल ! दिन उलट गये हैं···सुखों की, स्वतन्त्रता की कल्पनाएं बदल गई हैं···जिनका उपयोग नहीं··· उनकी कीमत नहीं ! सीधी बात है !

मां : विशा रोया होगा—[अचानक आंचल से आंसू पोंछती है] आज मैं बहुत खुश हूं···इतनी सुखी कभी नहीं थी··· हवा में उड़ रही हूं मैं ! [अचानक आरामकुर्सी के पीछे झूल जाती है] एक काम करेंगे ?

पिताजी : क्या ?

मां : इस लड़के पर मैंने गीत लिखे थे···सुनने की इच्छा है···लाएंगे ?

पिताजी : रुको, लाता हूं—[उठकर भीतर जाते हैं]

मां : [पिताजी पास हैं, यह समझकर] सुनते हैं ? मैं डर गई··· चिल्लायी तो किसी को उठाइए मत ! छाती धड़धड़ा रही है···विशा आया क्या ?

पिताजी : [कागज लेकर बाहर आते हैं] पढ़ूं ?

मां : पढ़िए···[आवाज बिराती है] मुझे गहरी-गहरी नींद आ रही है···

पिताजी : [घबराकर] रुक्मिणी, तुम्हारी तबियत ठीक नहीं है, क्या ? डॉक्टर को बुलाऊं ?

मां : नहीं ! मैं ठीक हूं ! पढ़िए···आप जल्दी पढ़िए।

पिताजी : [कागज आंखों के सामने रखकर]'आनंदपूर्ण दिन उगा है, प्यारा विश्वनाथ हुआ है। कुल का दीप इसमें बसे, भगवन् सुखी रखना इसे !'

मां : शरद का···

पिताजी : [कान करीब रखकर] शरद का गीत···?

मां : नहीं ! शरद का नाम···शरदिनी पर रखा ?

पिताजी : नहीं तो ! यह कभी मेरे ध्यान में भी नहीं आया ! [एकदम खांसती है] तुम्हें तकलीफ हो रही है ? रुक्मिणी···

मां : मुझे मेरी कृष्ण की छोटी मूर्ति देंगे ? पूजा का ?

पिताजी : किसलिए ?

मां : जाइए जल्दी···मुझे डर लग रहा है—[वे भीतर जाते हैं—इतने में सूक्ष्म-सी मुरली की आवाज सुनाई पड़ती है] आपको मुरली की आवाज सुनाई पड़ती है ? वह बजा रहा है, पैर उलझाकर—देखा ? [पिताजी आते हैं। उसकी हथेली खुली है। उसमें चांदी का बालकृष्ण रखते हैं। वह मुट्ठी कसती है] मुझे डर लग रहा है···मेरा हाथ कसकर थामिए···छोड़िए मत मैं···दूर···दूर··· [उसकी आवाज टूटती है ! उसी समय कुत्ते की रोने-सी आवाज सुनाई देती है ।]

पिताजी : [गड़बड़ाकर] रुक्मिणी···रुक्मिणी···[उसे जोर से हिलाते हैं—] रुक्मिणी—विशा—राघवा—इरावती··· [पुकारते समय ही अंधेरा छा जाता है···और शोकसंगीत ।]

प्रवेश-3

[वही स्थान। कुछ दिनों बाद। समय रात आठ बजे। पिताजी एक छोटे से आसन पर बैठे हैं । सामने एक छोटा स्टूल है।

स्टूल पर उन्होंने दीवाल घड़ी खोल रखी है। एक हाथ में पेचकस है। वायीं आंख में लूकिंग ग्लास लगाकर घड़ी के पुर्जे देख रहे हैं। पल, दो पल बीतते हैं। इतने में फोन घनघना उठता है। भीतर से राघव आता है। फोन की ओर जाते-जाते···]

राघव : क्या घड़ी ठीक हो रही है, पिताजी ?

पिताजी : न होने को क्या हुआ है ? रायकर से यह कारीगिरी सीखी है। विशा कहता है—यह दुरुस्त नहीं हो सकती। मैं ठीक कर उसे बताता हूं···फिर घूंसा लगने जैसा मुंह बनायेगा—

राघव : [फोन पर] हेलो !···कौन ? हां···हां पिताजी से बात करेंगे ? रुको हं: ! [फोन पर हाथ रखकर] पिताजी, आपका फोन···

पिताजी : [आंखों से लुकिंग ग्लास निकालते हुए] किसका ? विशा का ?

राघव : नहीं ! आपकी युवा मित्र···[हंसता है]

पिताजी : [खुशी से उठते हुए] शरदिनी ?

राघव : [अचानक गंभीर हो जाता है, सिर हिलाकर 'नहीं' कहता है], हर दो दिन बाद वह आपको फोन करती है ? [उनके ध्यान में नहीं आता···देखते रहते हैं] पिताजी, आजकल आपके कुछ यानी कुऽऽछ भी ध्यान में नहीं रहता !

पिताजी : कौन ?

राघव : नलिनी शालीग्रा···

पिताजी : [हंसते हुए···फोन लेते हैं] नलिनीबाई हैं ? [फोन पर] हेलो, क्यों री ? तेरा पता क्या है ? झूठ मत बोलो··· एक घूंसा दूंगा ! पन्द्रह दिन हो गये। तुम्हारा फोन नहीं है ! परसों क्या था ?···नॉन्सेंस ! मुझे याद नहीं,

ऐसा हो ही नहीं सकता···कब ? गुरुवार को ? अरे, इस बूढ़े को अब सिनेमा का क्या करना है ? वैसे मैं बूढ़ा नहीं हूं···सिनेमा देखकर भोजन के लिए ? वैसे तुम्हारी मोटर है ही···परन्तु तुम्हारा पति आयेगा साथ में ? तो मैं नहीं आऊंगा। वह किसी मतिभ्रम बूढ़े-सा, अपने बारे में ही ढेर सारा बोलता रहता है···और हमारे बीच ये तीसरा क्यों ? [यह सुनकर राघव हंसता है] तू मुझे खोतवाड़ी के अनंताश्रम में भोजन के लिए ले जाएगी ? मुझे वहां मसाले की साग खानी है। पहले मैं फोर्ट से टैक्सी लेकर अनंताश्रम खाने के लिए जाता था !···विशा और शरद को दो बार कहा मसाले की साग खाने की इच्छा है···पर कोई भी कटोरी भर नहीं लाया। मत लाने दो !··· तुम्हें आज समय हो तो आओ न···कहां ?···दिल्ली जा रही हो ? पति के साथ ? वहां मेरा एक काम करेगी ? मैं तुम्हें पता देता हूं···वहां [राघव चौंकता है] शरदिनी फातर्फेकर को मिलो···[फोन अलग करते हुए] राघव···

राघव : [विचलित होकर झूठ बोलता है] वह महीना भर कलकत्ता जाने वाली थी--

पिताजी : शरदिनी ? [वह सिर हिलाकर 'हां' कहता है फोन पर···] नहीं···शरदिनी कलकत्ता गई है··अगली बार ! ओ० के० मैं गुरुवार को तैयार रहूंगा। पर, तुम्हारा पति साथ नहीं होना चाहिए ! थैंक्यू···[हंसते-हंसते फोन रखते हैं]

राघव : पिताजी आपको मछली खाने की इच्छा हुई तो, इराजती को क्यों नहीं कहते ?

पिताजी : अरे, वह मछली नहीं बना पायेगी…और मुझे तो तिसरा पसंद है, वह क्या सामान्य मछली थोड़े ही है। वह तो सीपी में बंद होती है…इसलिए से एक-एक सीपी खोलनी होती है…एक सीपी डालनी पड़ती है…दूसरी खोलनी पड़ती है…बड़ा झंझटिया काम है…

राघव : वह कर लेगी पिताजी…

पिताजी : नहीं रे! जेणों काम तेणों करे और करे तो गोता खाए। [दोनों हंसने लगते हैं] तुम कहां चले?

राघव : मैं प्रोफेसर सांलुके के घर खाने पर जा रहा हूं…जल्दी आऊंगा…

पिताजी : इरावती भी…

राघव : नहीं मैं अकेला ही जा रहा हूं…

पिताजी : क्यों?

राघव : मुझे अकेले को ही निमन्त्रण है…

पिताजी : [अचानक बीच में] शरदिनी कलकत्ता जाने वाली है, यह मुझे नहीं बताया?

राघव : [विचलित होता है] भूल गया!

पिताजी : कलकत्ता किसके पास?

राघव : पता नहीं! [बात बदलने के लिए] घड़ी रिपेअर हो गई?

पिताजी : [अचानक चिढ़ते हुए] उस विशा को अब यहां आने दो! कसकर झापड़ दूंगा!

राघव : क्यों, क्या हुआ?

पिताजी : इस घड़ी के सारे पुर्जे बेच खाये, चोर कहीं का! [घड़ी बंदकर] तुम इसे दीवाल पर टांग दो! नहीं तो इसकी केस बेचकर वह हजार-पांच सौ जेब

में डाल लेगा···ऐसी पुरानी घड़ियों की बहुत मांग होती है···

[वह स्टूल पर चढ़कर घड़ी दीवाल पर लगाता है। वे थककर आरामकुर्सी पर बैठ जाते हैं।]

राघव : खाने के लिए नहीं जायेंगे ?

पिताजी : थोड़ी देर बैठता हूं ! रुक्मिणी के जाने के बाद मुझे थकान कुछ ज्यादा ही लगने लगी है···नर्वसनेस आ गया है···[फिर सामने की ओर झुक जाता है और आंखें मिट जाती हैं। राघव कमरे के दरवाजे से 'इरा, मैं जाकर आता हूं, पिताजी पर ध्यान रखो' ऐसा कहता है और जाता है। जाने के लिए दरवाजा खोलता है। दरवाजे पर विशा खड़ा है।]

राघव : [विशा के साथ आते हुए] आओ···अभी मैं बाहर ही निकलने वाला था···

विशा : तुम जाओ न ! मैं कुछ देर बैठकर चला जाऊंगा···

राघव : खाना खाकर जाना···पिताजी भी अब खाने के लिए उठेंगे।

विशा : नहीं, मुझे घर जाना चाहिए !

[वे दोनों वहीं बैठते हैं। सामने पिताजी झपकी लेते हुए आरामकुर्सी में बैठे हैं।]

राघव : पिछले हफ्ते शरद आया था।

विशा : उसी का फोन आया था···

राघव : क्या ?

विशा : पिताजी की हालत उतनी ठीक नहीं है इसलिए··· आपको तकलीफ होने की संभावना···मतिभ्रम-सा उन्हें होने लगा है···वे बड़बड़ाते हैं—वही बात बार-बार···

राघव : दैट्स ओल्ड एज ! यू काण्ट हेल्प इट—! बाय दी वे ···ये शरदिनी फातर्फेकर कौन ?

विशा : मुझे शरद ने बताया, पिताजी उसे बार-बार याद करते हैं ! परन्तु, इतने सालों में हमने उसका नाम तक नहीं सुना ! वह गुजर गई, यह क्या उन्हें मालूम है ?

राघव : नहीं ! परन्तु मुझे वड़ा विचित्र लगता है···मन में गहरे कहीं बैठी एकाध याद इस तरह बाहर आती होगी—

विशा : मैं कह रहा था—चाहें तो पैसे भरकर किसी अच्छे वृद्धाश्रम में रखेंगे—

राघव : नहीं···नहीं ! इस हालत में···सच तो यह है कि मां के जाने के बाद उन्हें किसी चीज़ की आवश्यकता है तो वह है स्नेह की—अपनेपन की !

विशा : परन्तु तुम्हें इसकी तकलीफ नहीं होती ?

राघव : बिल्कुल नहीं ! मैं उनमें अपना बुढ़ापा देखता हूं···ये इस तरह झपकी लेते सोते हैं न ?···तब उनकी ओर देखते हुए मुझे ऐसा लगता है कि मैं अपने अस्सी साल का प्रतिबिम्ब देख रहा हूं···और मेरे भीतर एक अलग तरह की करूणा निर्मित होती है···वे मेरे पिता हैं···तुम्हारे सगे पिता मेरे माने हुए···परन्तु यह अंतर अब खत्म हो चुका है···पिता के नाते ही नहीं, बल्कि एक व्यक्ति के नाते उनकी दुर्दशा न हो, अवहेलना न हो, ऐसा मुझे लगता है···वे हमारी इच्छानुसार रहें, हमारी यह अपेक्षा ही गलत है···वे अपनी इच्छानुसार ही चलेंगे···हमें उनके अनुसार समझौता करना होगा···

विशा : राघव यह कैसे होगा···हमारे लिए अपनी कुछ जिंदगी

है···

राघव : यह हो सकता है ! अब देखो न ! सच तो यह है कि हम दोनों को आज बाहर खाने का निमंत्रण है···पर पिताजी के लिए इरावती घर पर रुक रही है···

विशा : पर ऐसा क्यों करें ? खासकर तब, जब वृद्धाश्रम की सुविधा है ?

राघव : बहुत सीधी बात है, विश्वनाथ ! हम भी अपने बुढ़ापे में इसी तरह होंगे···उस समय हमारी भी अपेक्षा होगी हमारे बच्चे हमारी बात समझ लें···हमें अपने घर में अच्छी तरह संभालें···

[दोनों क्षणभर झपकी लेते पिताजी की ओर देखते हैं। इतने में भीतर से इरावती आती है।]

इरावती : [विशा को] आप आये हैं ? सोच रही थी, बाहर कौन बातें कर रहा है ? अब आप खाना खाकर ही जाएंगे···पिताजी भी अब भोजन के लिए बैठेंगे—

विशा : नहीं-नहीं, मुझे तुरंत निकलना होगा···लीला का भाई खाने पर आ रहा है !

इरावती : आज पिताजी के लिए उनकी पसंद की खास दाल बनाई है—

विशा : आपने बनाई है ?

इरावती : नहीं, यहां सामने देवीदास कामत रहते हैं, उन्होंने भेजो है।

विशा : कामत ?

राघव : कुछ लोगों को मैंने सोशल वर्क के लिए तैयार किया है···वे बीच-बीच में एक-दो घंटे के लिए आते हैं··· बातें करते हैं···इससे पिताजी का समय मजे में कट जाता है···विशेष यह है कि उन्हें यह नहीं लगता कि

वे निग्लेक्टेड हैं ! ही इज वेरी हैपी—

इरावती : [पिताजी को धीरे से हिलाते हुए] पिताजी···पिताजी [पिताजी अचानक चौंककर आंखें खोलते हैं। सबकी ओर देखते हैं। पलभर वे किसी को नहीं पहचान पाते ! वे सिर उठाकर पास खड़ी इरावती की ओर देखते हैं। वह रुक्मिणी है, ऐसा उन्हें आभास होता है]

पिताजी : कौन···रुक्मिणी !

इरावती : [उनके कंधे पर हाथ रखते हुए] मैं इरावती, पिताजी !

पिताजी : इरावती ! तूने खाना खाया ?

इरावती : चलिए···आपके साथ मैं खाना खाऊंगी···चलिए—

पिताजी : कहां ?

इरावती : खाने के लिए···आपकी पसंद की दाल है···

पिताजी : मैंने जभी खाना खाया न ?

इरावती : [हंसती है] कब ? [विशा और राघव को] आजकल इसी तरह सबकुछ भूल जाते हैं और कहीं से···पुरानी··· पचास साल पहले की बात याद आती है···[उन्हें हाथ का सहारा देकर भीतर ले जाती है।]

राघव : इस गुरुवार को नलिनी शालीग्राम के साथ···डॉक्टर शालीग्राम की पत्नी—फिल्म देखने जायेंगे···वे हफ्ते में एक बार उन्हें कार में घुमा लाती हैं। वे कह रही थीं, फिल्म देखने के बाद खाना खाने जाएंगे ! तो ये बोले, खोत के वाड़ी के अनंताश्रम में ले जाओ··· मसाले में तली मछलियां खानी हैं—

विशा : ओ···माय गॉड ! [बड़बड़ाता है]

राघव : क्या हुआ ?

विशा : पंद्रह दिन पहले कह रहे थे···मसाले में बनी मछली खाने का मन है ! ध्यान में नहीं रहा !···और दूसरी

बात यह है कि मछली बताना बड़ा झंझटिया काम है, लीला दिन भर बड़बड़ायेगी !

राघव : विश्वनाथ मैं चलूं ?

विशा : हां, तुम निकलो ! मैं पांच मिनट बैठकर जाता हूं !

राघव : [जाते-जाते] तुम भीतर बैठो न, पिताजी के साथ— [जाता है]

[उसके भीतर जाते-जाते पिताजी बाहर आते हैं। उनके पीछे इरावती।]

इरावती : बिल्कुल खाना नहीं खाया ! थाली को छुआ भी नहीं !

विशा : पिताजी, खाना क्यों नहीं खाया ?

पिताजी : [अभी भी विशा को वे पहचान नहीं पाए···गौर से देखते हैं] खाना खाया···कुछ देर पहले ही···ये···ये···बार-बार खाने के लिए कहती है। पेट भर गया···[शांत भाव से चक्कर लगाते हैं।]

इरावती : [विशा को] आप पांच मिनट यहां बैठेंगे ?

विशा : हां, पर क्यों ?

इरावती : मैं जल्दी सामने जाकर पाव ले आती हूं···रात को पिताजी को भूख लगी तो दूध के साथ टोस्ट बनाकर दे दूंगी।

विशा : मैं हूं यहां कुछ देर—

[वह जल्दी में बाहर जाती है।]

पिताजी : [चक्कर लगाते-लगाते बीच में ही विशा की ओर देखते हुए—] कौन ?

विशा : मैं विशा—

पिताजी : तू कब आया ?

विशा : बहुत देर पहले—

पिताजी : मुझे कैसे मालूम नहीं हुआ ?

पिताजी : आप सोये थे—

पिताजी : [अचानक चिढ़कर] चल ! झूठ मत बोल···सोऊंगा कैसे ? तुम्हारी मां के जाने के बाद मुझे नींद ही नहीं आती—ट्रंक खोलकर बैठता हूं··पुराने पत्र पढ़ता हूं···तुम लोगों की जनम-पत्री···तुम लोगों के प्रगति कार्ड···

विशा : [हत्बल होकर शरण आकर—] ठीक है !

पिताजी : विशा, तूने वह पॉकेट वॉच लाया है ?

विशा : [घबराकर] नहीं !

पिताजी : [चिढ़कर] क्यों नहीं ? यह [दीवाल पर] अप्पा की घड़ी···पाडलोस के घर की घड़ी···उसके पुर्जे बेच खाया—

विशा : [दुःखी होकर] पिताजी···

पिताजी : दाजी का वह पॉकेट वॉच भी तूने बेच डाला···अरे, वह किसी और घड़ी-सी घड़ी नहीं थी—दाजी ने जाकिट के साथ कुए में जान दे दी। आठ घंटे बाद दाजी की बॉडी ऊपर निकाली गई···यह घड़ी उनकी जेब में टिक्-टिक् चल रही थी···[अचानक उनकी आवाज बोझिल हो जाती है। वे आंखें पोंछते हैं।] वह घड़ी तुम्हें बेचने के लिए नहीं दी थी···अरे दाजी के स्पर्श का तुम्हें आभास हो—उनकी तुम्हें याद आए—उनका नाम तुम्हें दिया···आदमी मरता है···समाप्त होता है···पर रिश्तों का गीलापन कभी नहीं खत्म होता···यादें कभी नहीं मरतीं···[खांसते हैं···थक जाते हैं] अरे, तुम्हारी मां गिरी—उसका पैर टूटा तो उसे चैरिटी होम में डाल देते हो ?

विशा : वह शरद की कल्पना थी—

पिताजी : [चिढ़कर] परन्तु, तूने भी ना नहीं कही···जहां जीवित और मरे हुए अस्थि-पिंजर रखे थे, वहां ऐसे गोदाम में हमें रखा तुम लोगों ने···तेरी मां रात भर रोती रही···वह चल नहीं सकती थी, इसलिए एक लड़का उसे बैसाखियां दे गया···कहां का···कौन ? और तुम लोग—हमारा उपयोग अब नहीं रहा इसलिए घर से बाहर निकालते हो ? गिरगांव की चाल के मेरे दो कमरे बेचकर तू अपना नया फ्लैट अपने नाम पर लेता है···हमें आसानी से घर से बाहर निकल सको इसलिए ?···अरे मछली खाने की इच्छा हुई···

विशा : [दुःखी होकर] मैं लाऊंगा, पिताजी !

पिताजी : नहीं ! कुछ नहीं चाहिए ! अब तुम लोग अपना चेहरा मुझे मत दिखाओ – मैं जानता हूं—मैं तुम लोगों का बाप हूं फिर भी पिता नहीं हूं ! तू यहां से निकल जा—[विशा दस की नोट निकाल कर देने लगता है—ये क्या ?]

विशा : पैसे हैं, खर्च के लिए···

पिताजी : [झटककर] कोई ज़रूरत नहीं ! ज़रूरत थी, तब दिये नहीं···तुमको यदि चाहिए तो उस कोट की जेब में हाथ डाल···विज्ञापन के लिए जो लिए थे, वे ले जा...इरावती मेरी उस जेब में हमेशा कुछ-न-कुछ रखती है···मैं मना करता हूं। अब मेरा खर्च ही क्या है ? फिर भी वह रख देती है···कहती है, जेब में चार पैसे रहने पर आदमी सुरक्षित महसूस करता है ! और तुम दोनों ने...

विशा : [तंग आकर पर दुःखी हो] दुःखी मत होइए ! मैं जाता हूं !

पिताजी : [चिल्लाकर] जाओ···तुरंत निकल जाओ! [वह जाने को निकलता है। इतने में···] और जाने से पहले एक बात ध्यान रखो···मेरे मरने के बाद मेरी मटकी तू या शरद नहीं उठाओगे! वह राघव उठायेगा!··· निकल जा···[वह जाने के लिए मुड़ता है। इतने में उसे याद आता है उसने थैले में चार आलूबड़े की पुड़िया लाई हैं। वह पुड़िया वह सामने रखता है।]

पिताजी : ये क्या है?

विशा : मंजू के यहां के आलूबड़े···आपको पसंद है, इसलिए···

पिताजी : [गुस्से से पुड़िया फेंकते हैं] कुछ नहीं चाहिए! निकल जा!

[वह दुःखी होकर नीचे सिर झुकाता है और जाने लगता है। इतने में पिताजी आरामकुर्सी में थककर बैठते हैं। चिल्लाने से वे बहुत थक गये हैं। सिर ज्यों गर्दन से टूटकर छाती पर लटक रहा है। आंखें बंद हैं। विशा गैलरी के दरवाजे की ओर देखता है। पिताजी की दयनीय स्थिति देखकर दहल जाता है। पीछे मुड़ता है। बड़े की फेंकी हुई पुड़िया उठाता है। पल, दो पल, पिताजी को देखता खड़ा है। दूसरे ही क्षण, अचानक घुटने टेक देता है और पिताजी के घुटनों पर सिर रख देता है।]

पिताजी : [चौंककर जागते हुए] कौन?

विशा : मैं विशा! पिताजी, इस तरह नाराज मत होइए! आपके बारे में मेरे मन में प्रेम नहीं है, ऐसी बात नहीं...परंतु किसका क्या अपराध है, यही मालूम नहीं होता! राघव करता है, इतना हम क्यों नहीं कर पाते?

पिताजी : [उसके माथे पर प्यार का हाथ घुमाते हुए] तुमको मैंने कुछ गलत···गुस्से में कुछ कहा? विशा, तू यह सब मन को मत लगाना···तेरी माँ हमेशा कहती थी···तुम्हें याद है या नहीं पता नहीं···कहती थी···हमने जो कुछ किया, यदि तुम बच्चों को पसंद नहीं तो भी वह तुम लोगों के भले के लिए ही था—इसी श्रद्धा में सब किया···! मेरे मन में तुम लोगों के लिए गुस्सा नहीं है! हमारे मन तुम लोगों···बच्चों के रंगों से रंगे होते हैं···चैरिटी होम में तुम्हारी मां ने खाना नहीं खाया···परंतु थाली की तली मछली कागज में बांध कर उसने रख ली...शरद को पसंद है इसलिए। ऐसे हमारे मन हैं। अब उम्र की अंतिम सीढ़ी पर मेरे मन में किसी के बारे में बुराई नहीं! मेरे मरने के बाद तुम्हें···शरद को···मेरी बहुओं को···नातियों को कभी-कभी किसी-न-किसी कारण से मेरी याद आए···कभी हमारे लिए गला भर आये! इतना ही, हमारे लिए, तुम लोगों का बनाया स्मारक! [उनकी आवाज लड़खड़ाने लगी। विशा का गला भर आता है। वह आंखों पर अंगुलियां घुमाता है।]

विशा : [भर्रायी आवाज में] एक बड़ा खाइए—[पुड़िया खोलता है।]

पिताजी : [खुश होकर] मंजू के यहां का है? [वह सिर हिलाकर 'हां' कहता है।] मंजू की गाड़ी पर वैसी ही भीड़ होती है?

विशा : बिल्कुल वैसी···

पिताजी : [बड़ा खाते हैं] भीतर जाओ···और मेरे ट्रंक पर कागज का एक पुलिंदा है, वो ज़रा लाना [वह भीतर जाता है]

[पिताजी दो बड़े अलग निकाल कर रखते हैं। इतने में विशा कागज के पुलिंदे लेकर आता है।]

विशा : ये बड़े क्यों रखे ?

पिताजी : राघव और इरावती खाएंगे ! [एक बड़े की पुड़िया विशा को देते हुए] यह मेरे कोट की जेब में रखो—

विशा : किसके लिए ?

पिताजी : तुम्हारी मां को पसंद थे···कल कौओं को खिलाऊंगा—[विशा पुड़िया कोट की जेब में रखता है और पास आता है। तब तक पिताजी पुलिंदे टटोलते हैं। एक छोटी किताब निकाल कर दिखाते हैं।] ये क्या है ?

विशा : [देखते हुए] बिनोबा की गोताई···

पिताजी : [दूसरे कागज दिखाते हैं] ये क्या है ?

विशा : [देककर] यह मेरा पहली का प्रगति-पुस्तक है ! इतने सालों तक रखी ?

पिताजी : अंत में क्या लिखा है, उसे पढ़ो—

विशा : [पढ़ता है] विश्वनाथ पढ़ाई में होशियार है···वह स्वभाव से स्नेही है। मीठा बोलता है। पिता पर उसका अधिक प्रेम है। कक्षा में दूसरे लड़कों से झगड़ा होने पर वह 'पिताजी को बताऊंगा' ऐसा कहकर डराता है···[आगे न पढ़कर प्रगति-पुस्तक ही देखता रहता है। पिताजी किसी पुराने ज़माने में खो जाते हैं। किती दूसरे से ही ज्यों वे बातें कर रहे हों।]

पिताजी : उस तीस-चालीस साल की पहले की यादें। याद आने पर अक्षरशः खो जाता हूं। तुम्हें—शरद को मैं स्कूल पहुंचाकर फिर दुकान जाता था···तुम दोनों के बस्ते कंधों पर लटकाता था...तुम दोनों को बोझ न उठाना पड़े, इसलिए···याद है ? [वह अलग नज़र से पिताजी

को देखता रहता है।] दोपहर एक बजे तुम्हारी मां मिठाई के दो डिब्बे लेकर स्कूल आती थी।··· विशा···बार-बार लगता है, वे दिन लौट आएं··· घड़ी के कांटे उलटे घूम जाएं···[दूसरी पुस्तिका देते हैं] पढ़ो···

विशा : [पढ़ता है] शरद बुद्धिमान लड़का है। परंतु स्वभाव से अंतर्मुखी और कम बोलने वाला है···। उसे संगीत में दिलचस्पी है।

पिताजी : उसे मैंने हारमोनियम खरीद कर दिया था···वह अब भी बजाता है, क्या रे ?

विशा : नहीं, उसने वह कब की बेच दी है। [वे अजीब ढंग से हंसते हैं।]

पिताजी : विशा, तूने खाना खाया ? [बैठे-बैठे उसके बालों में अंगुलियां घुमाते हैं।]

विशा : नहीं, जाकर खाना खाऊंगा—

पिताजी : नहीं तो यही खाना खा—इरावती ने मसालेदार दाल लायी है···बहुत-बहुत अच्छे लोग हैं···ऐसा बेटा···ऐसी बहू मिलना···[विशा अचानक खोया-सा ताकता रहता है।] तुझे याद है···तेरी मां···उसे तीसरी बार दिन चढ़ने पर वह तुझे लेकर कर्वे के पास गई थी···भटवाडी में···मुझे बिना बताये···

विशा : मैं बारह साल का था···

[इतने में दरवाजा खोलकर इरावती जल्दी में भीतर आती है। उनके हाथ में ब्रेड है या थैली।]

इरावती : मुझे कुछ देर हो गई न ?···बाबूराव दो दिनों से आये नहीं, इसलिए उन्हें देखने गयी थी—

पिताजी : वे क्यों नहीं आये ?

इरावती : उनके घुटनों में दर्द था···कल आयेंगे···[हंसते हुए] पिताजी वे कह रहे थे, उन्हें कल से फिर सुनाई नहीं देगा—[पिताजी हंसते हैं]

विशा : मैं चलता हूं—

इरावती : मेरे कारण आपको रुकना पड़ा ?

विशा : नहीं ! उतनी ही बातें और हो गईं—[वह भीतर जाती है] पिताजी, मैं चलता हूं—

पिताजी : [उठते हैं]—[उसके कांधों पर हाथ रखते हुए] अरे, मैं विचित्र स्थिति में हूं—रोज रात को सोता हूं—आंखें मूंदते समय लगता है, कल आंखें नहीं खुलेंगी···भोर होते ही आंखें खोलता हूं। पल भर लगता है, मैं स्वर्ग में हूं···पर दूध की बोतलों की आवाज सुनाई देती है···और लगता है···मैं यहीं हूं···कभी तो मैं आंखें मूंद लूंगा···हमेशा के लिए ! लगता है, जल्दी मुंद जाएं···तुम्हारी मां के बाद भीतर से जीने की इच्छा ही नहीं रही···परन्तु मरने की इच्छा मात्र से नहीं मर सकते ! [उसे बाहों में भर लेते है और उसका माथा चूमते हैं।] विशा, शरद को कहना—कभी इधर आए—[एक ओर ले जाकर] रंग्या कैसा है ? [वह सिर हिलाकर 'अच्छा है' कहता है। वह बोल नहीं पाता।] विशा, मैं रामायण का कोई राम नहीं। सामान्य आदमी हूं ! फिर भी, मेरा रामायण है ही···वह रामायण मेरे लव-कुश गायें, ऐसा लगता है···बस ! ईश्वर तुम सबको सुखी रखें—

[विशा उनके पांव छूकर प्रणाम करता है और चला जाता है। पिताजी आरामकुर्सी में सिर टिका कर बैठते हैं। इरावती आती है।]

इरावती : गये ? [पिताजी सिर हिलाकर 'हां' कहते हैं।] पिताजी, आप भीतर जाकर क्यों नहीं सोते ?

पिताजी : सोता हूं ! सुनो—तुम्हारी मां की ट्रंक पर एक गठरी है, उसे ले आ—[वह गठरी लेकर आती है। पिता बड़े देते हुए]—ये बड़े खा ! एक राघव के लिए रख। [वह लेती है] विशा ने लाए थे। [पिताजी जब तक गठरी खोलते हैं, वह बड़े भीतर रख आती है। गठरी में कुछ साड़ियां हैं। एक सोने की जंजीर और मंगलसूत्र है। वे जंजीर और मंगलसूत्र उसे देते हैं]—ये तू रख—

इरावती : [नहीं लेती] ये सब आप लीला और मीना को दीजिए—

पिताजी : [प्यारनुमा गुस्से से] ज्यादा समझदार मत बन। तुम्हारी मां मुझे बताकर गई है—तुम्हें देने के लिए—

इरावती : परन्तु, पिताजी···हम कुछ ले रहे हैं, ऐसी बात होगी।

पिताजी : [उसका हाथ पकड़कर—कुछ हंसते हुए] पुनर्जन्म पर तुम्हारा विश्वास है ?

इरावती : है !

पिताजी : मुझे हमेशा लगता है···मेरा पुनर्जन्म तुम्हारी कोख में है। चाहे तो उस समय जंजीर बनाकर अपने बेटे के गले में डाल देना···तुम्हारे बुढ़ापे में सेवा करने के लिए पुनर्जन्म ! [वह अचानक भावविभोर हो जाती है और स्नेह से उनके घुटनों पर सिर रखती है ! वे वात्सल्य से उसके बालों से हाथ फैरते हैं।] तुम्हें मालूम नहीं··· रुक्मिणी जब तीसरी बार गर्भवती हुई। तब मुझे बिना बताये वह डॉ० कर्वे के पास गई···गर्भपात करवा लिया···यहां आने के बाद रुक्मिणी मुझे हमेशा कहती, उस समय हमारा जो बेटा होता, वह

यही राघव…

इरावती : [अचानक चौंकती है] पिताजी, मुझ पर हाथ फेरिए… मेरा सारा शरीर बौरा गया है…मैं दर्शनशास्त्र की विद्यार्थी होने के बावजूद ! [वे वह मंगलसूत्र और सोने की जंजीर उसके गले में डालते हैं। वह अपने गाल उनके घुटनों पर घिसती है।] वे क्षण भर व्याकुल से लगते हैं। वे अपनी छाती पर हाथ फेरते हैं। [वह देखती है।] पिताजी, कुछ तकलीफ हो रही है !

पिताजी : नहीं !…इस समय यदि मौत आ जाए तो अच्छा ! मुझे कुछ नहीं लगेगा ! तुम्हारी मां बहुत डर गई थी—उसने मेरा हाथ मजबूती से पकड़ रखा था—दूसरे हाथ में कृष्ण की मूर्ति पकड़ रखी थी…वह अंत तक साथ देगा इसलिए…मृत्यु के अजनबी देश में ! [पल भर रुकते हैं] मुझे कुछ नहीं लगता…न डर, न दुःख ! बिनोबा ने गीताई में कहा है…'जन्म निश्चित मृत्यु निश्चित है, मृत्यु पर जन्म निश्चय है। चाहने से कुछ टलता नहीं, शोक करना व्यर्थ है।' [गठरी दिखाते हैं।] ये रुक्मिणी की साड़ियां…तुम लो ! [उसमें से दो साड़ियां उठाते हैं।] ये मेरी मां की…ये तुम्हारी मां की…[पीछे तकिए को लगाकर सिर टिकाते हैं] राघव अभी तक नहीं आया ?

इरावती : अब आते ही होंगे…

पिताजी : ['शरदिनी' पुस्तक आंखों के करीब लाकर पन्ने पलटते हुए।] ये…ये…कविता पढ़। शरदिनी की यह कविता मुझे बहुत पसंद है। [पुस्तक उसे देते हैं। वह पुस्तक में देखती है। उस समय घड़ी टन्न-से घंटा बजाने का उन्हें आभास होता है। प्रसन्न होकर, पर तकलीफ से सिर

उठाकर घड़ी की ओर देखने की वे कोशिश करते हैं—
अंगुली उठाकर—] लगता है, वह शुरू हो गया है !
[सिर टिकाते हैं···आंखे मूंदते हैं···] पढ़ो···

इरावती : [उसका ध्यान पुस्तक में ही है। वह लय बद्ध···छंदबद्ध नहीं ···पढ़ने लगती है—]

कितने दिनों बाद अचानक
तुम मिले यूं अनायास
मेरी आंखों में झांका ऐसे
ज्यों अपनी पहचान न हो
दसों दिशाओं घूमी कितनी
कितने मिले झूठे-भोले
उन सबके बीच मुझे
दिखती सिर्फ तुम्हारी आंखें

[सुनते-सुनते पिताजी गहरी नींद में खो जाते हैं। प्रकाश और मंद होता है। इतने में दरवाजे पर घंटी बजती है। इरावती दरवाजा खोलती है। दरवाजे से राघव आता है। वह बहुत खुश है।]

राघव : इरावती, पिताजी सोये हैं ?

इरावती : अभी-अभी आंख लगी है उनकी—

राघव : उठाओ···उठाओ उन्हें !

इरावती : क्यों ?

राघव : अरी, सालुंके ने लॉटरी का रिज़ल्ट लाया था··· पिताजी के टिकट का नम्बर मैंने लिख रखा था··· पिताजी को पांच लाख का पुरस्कार लगा है।

इरावती : [खुश होकर] सच ? अपने कमरे में जाने के लिए वे थोड़ी देर बाद उठेंगे; तब बतायेंगे—

राघव : उठाओ तुम ! दाजी के नाम से पाडलोस में स्कूल

बनेगी, यह सुनते ही उन्हें बहुत खुशी होगी ! वे और दस साल जियेंगे ! [वह उन्हें पुकारते हुए हिलाता है—] पिताजी···पिताजी···!

इरावती : [पैर हिलाते हुए] पिताजी···पिताजी !

राघव : [आक्रांत होकर] ओ···माइ गॉड ! व्हाट अ पिटी !

इरावती : और एक साल जीवित रहते तो पाडलोस का स्कूल देख सकते—

राघव : पिताजी, आपके श्राद्ध-वर्ष के दिन उस स्कूल का उद्घाटन होगा—स्कूल आपके और दाजी के नाम पर···

[दोनों पिताजी के घुटनों पर सिर रखते हैं और अंधेरा छा जाता है। परदा गिरते-गिरते पिताजी की घोर गंभीर आवाज में पंक्तियां सुनाई देती हैं।]

जन्म निश्चित मृत्यु निश्चित
मृत्यु पर जन्म निश्चित
चाहने से कुछ टलता नहीं
शोक करना व्यर्थ है !

॥ परदा ॥

[समाप्त] □□